Thomas Ring

DAS GRUNDGEFÜGE

THOMAS RING

DAS GRUNDGEFÜGE

Die Stellung des Menschen in Natur und Kosmos

Mit einem Nachwort von Erp Ring

AURUM VERLAG · FREIBURG IM BREISGAU

Mit 1 Zeichnung des Autors und 5 Abbildungen.

CIP-Kurztitelaufnahme der Deutschen Bibliothek

Ring, Thomas:
Das Grundgefüge: d. Stellung d. Menschen
in Natur und Kosmos / Thomas Ring. – Freiburg i. Br.: Aurum Verlag, 1986.
ISBN 3-591-08228-7

1986
ISBN 3 591 08228 7
© 1986 by Aurum Verlag GmbH & Co KG, Freiburg im Breisgau.
Gesamtherstellung: Benziger AG, Graphisches Unternehmen,
Einsiedeln/Schweiz.
Printed in Switzerland.

INHALT

Nach neunzig Jahren des Denkens in Auseinandersetzung mit herrschenden Meinungen erlaube ich mir, einige in bisherigen Veröffentlichungen zurückgehaltene ketzerische Gedanken auszusprechen. Da es mir nicht auf Protest ankommt, muß ich diese Gedanken in einem zusammenhängenden System anbieten. Ich bitte den Leser, sie zu bedenken als Heilmittel gegen einige umlaufende Irrtümer, die unsere abendländische Tradition belasten. Eigener Mängel gar wohl bewußt, stelle ich mich mit diesem Werk dem Urteil der Geistesgeschichte.

Thomas Ring

THEMA

Die Lehre vom Grundgefüge aufzufassen als psychologische Deutung kosmobiologischer Zusammenhänge – für viele naheliegend – wäre unzureichend und falsch. Es hieße die Psychologie überfordern mit Urteilen über derartige Zusammenhänge, ihr damit einen Rang einräumend, der ihr nicht zukommt. Gestellt wird die Frage der *kosmischen Zusammenhänge überhaupt,* bezogen auf das irdische Leben, was auch den Menschen von Zeugung und Geburt an dem Welthintergrund verwoben zeigt. Die psychologische Deutung eines solchen Ergebnisses ist dann ein Problem der Interpretation, wofür Voraussetzung und Methodik schon in den Ergebnissen unserer Untersuchung enthalten sein müssen. Die dadurch ermittelten Strukturen bilden die Grundlage dafür. Eine Psychologie und Charakterologie auf dieser Basis wird möglich, wenn man sich über die *Stellung des Menschen in der Natur* im klaren ist. Auch dies wäre zu definieren, bevor man – Mensch als empirisch kontrollierbarer Spezialfall – von einer uns angeborenen Struktur der Grundlagen ausgehen kann, analog der geozentrischen Stellung des Sonnensystems bei der Geburt des betreffenden Menschen.

Wohl oder übel wagen wir uns damit an einen Problemkreis, der bis vor kurzem nur als Glaubenssache behandelt werden konnte, den *astrologischen Gedanken.* Heutige Glaubenslehren bemühen sich, Überlieferungen darüber in ihrem Sinne auszulegen. Doch uralte Überzeugungen, von der Wis-

9

senschaft beiseite gestellt, bestätigen sich gegebenenfalls in *revidierter Form* durch neu ausgerichtete Erfahrungen und werden so zu Bestandteilen gesicherten Wissens. Etwas Derartiges wird hier begründend versucht. Der Weg dahin schließt naturgemäß eine Auseinandersetzung mit zweierlei Vorurteilen ein, den Vorurteilen von »Befürwortern« und denen von »Gegnern«. Ob solche Vorurteile wissenschaftlicher Herkunft sind oder nicht, ihr Gemeinsames liegt in wiederbelebten alten Praktiken und Anschauungen, auf die sie sich beziehen. Diese sind als überholt nachzuweisen und auszuklammern.

Die Geburtskonstellation, wie hier betrachtet, gibt Ordnungskonstanten für vitale Kräfte und ihre Äußerung an: in niveaubedingter Form der Erfahrung zugänglich. Das Problem verlegt sich damit auf die Grundvoraussetzungen des Erdenlebens und des Lebens überhaupt, beim Menschen auf die Geltung solcher Voraussetzungen auf unterschiedlicher Entwicklungshöhe. Von hier aus kann auch die Frage der Astrologie, die bisher mit unzulänglichen Argumenten und Vorstellungen ihre ureigene Problematik anging, beantwortet werden. Meine Lehre greift entsprechend ihrem Ansatz weit hinaus über Charakterologie und psychische Erscheinungen, obzwar sie sowohl deren Elementarbegriffe als auch schwankende Meinungen über Beobachtungsdaten auf sichere anthropologische Grundlagen zu stellen trachtet. Sie sieht den Erdschauplatz in seiner kosmischen Eingeordnetheit als verbindlich an für die Lebensordnungen. Nicht geheimnisvolle Dinge sollen damit der Forschung zugeführt werden, sondern gebracht wird eine ungewohnte, doch methodologisch vertretbare Art, längst bekannte Tatsachen neu zu sehen.

Einleitung

Die menschliche Seele betrachte ich eingefügt in die *Bedingungen des Lebens auf der Erdrinde.* Sie ist unterbaut von Elementen der Vitalität und überstuft von kosmischen Ordnungskonstanten, während die Charaktergliederung hervorgegangen ist aus einem *biogenetischen Vorgang, der Individualisierung.* Die Individualität also ist geschichtlich; im Sinne der Vollendung eines noch unfertigen Seinstypus, des Menschen, gebrauche ich den Begriff der Entwicklung. Je nach der Entwicklungshöhe bilden sich vielerlei *Entsprechungen der Ordnungskonstanten,* welche das geistige Gerüst unserer Weltsicht tragen. In der weiter entwickelbaren, *im Prinzip alle Wechselfälle des Lebens überdauernden Eigenstruktur* des Menschen steckt, was uns von anderen Lebewesen unterscheidet und, wie wir noch hören werden, zum Fußpunkt unseres Menschseins gehört.

Auch beim Menschen handelt es sich aber um allgemeine Bildekräfte des Lebens, die nur jeweils in anderer *Verteilung* als individuelle *Anlage* sich vorfinden. Was wir von den Prinzipien der Bildekräfte wissen, stammt aus ihren *konkreten Entsprechungen.* Die Prinzipien bleiben gleich, die Entsprechungen ändern sich mit der Entwicklung. Auf der Anlageverteilung beruht das individuelle *Wesensgefüge,* an den einkleidenden Entsprechungen haben Familienerbe sowie Umweltwirkungen und vor allem der selbstbestimmende Faktor teil. Dieser Faktor treibt die Entwicklung des einzel-

11

nen und damit des Menschen überhaupt vorwärts. Psychologische Differenzierung und persönliche Sinnfindung sind mithin etwas Zusätzliches aber konkret Ausgewirktes der anthropologischen Elementar-Ordnung, eingebaut in die Ordnungshaftigkeit alles Lebendigen. – Dieser skizzenhafte Aufriß sei dem psychologischen Bemühen um die Varianten des menschlichen Wesens vorausgeschickt.

Für die Menschenkunde bedeuten die zu untersuchenden Ordnungskonstanten größere Sicherheit der Aussage, da die Verteilung der individuellen Anlagewurzeln meßbar wird. Damit werden wir dem Unterschied zwischen *Gliederung* und *Einteilung* gerecht. Gliederung heißt die für ein Lebensganzes organisch notwendig gegebene Aufgeteiltheit, sie verwirklicht das Dasein von *unterschiedlich in die Welt hineingestellten, verschieden reagierenden Wesen.* Einteilungen – die der Verstand macht – stimmen im idealen Fall mit solchen organischen Gliederungen überein, können aber auch – bei lediglich rationalem Bezug isoliert gesehener Teile eines Lebensganzen – die Ganzheit willkürlich zerstückeln. Eine Gliederung darf nicht ohne lebensnotwendigen Zusammenhang der Teile, im Gegliedertsein also nicht anders als *synthetisch* gedacht werden, Einteilungen dagegen sind schlechthin *analytisch.* Das nach solchen Einteilungen Geordnete bleibt ohne den Beweis der Zusammengehörigkeit in der Analyse stecken.

Mit Recht erheben sich Bedenken gegen psychologische Einteilungen, häufig genug wird in der Anwendung das Fadenscheinige oder gar Schädliche einer solchen erfahren. Verleitet dies aber manche Skeptiker zur Verurteilung *aller* Psychologie, so hieße dies, wäre es richtig, daß die Seele ein an sich ungegliedertes Gemenge von Gefühlen, Wollungen und Bildvorstellungen sei. Gewiß sind Herz und Niere hand-

das Verlangen nach einer organisch gegründeten Seelenlehre, deren Gliederung eine Charakterologie ermöglicht, welche das innere Leben nicht mit *zusammenhanglos festgestellten Teilregungen* erfaßt glaubt.

12

Kann eine Lehre solchem Anspruch genügen? Genau dies wird hier versucht. Abgesehen von einer Menge zu klärender Fachfragen – biologischer, psychologischer, soziologischer usw. – berührt die hineinspielende Himmelsmechanik den zwielichtigen *astrologischen Gedanken*. Astrologie tritt uns gemeinhin als Scharlatanerie entgegen, nicht nur infolge der von Massenmedien verbreiteten Irrtümer. Für die gewohnte wissenschaftliche Denkweise ist sie längst erledigt. Die Geistesgeschichte scheint aber hier einen Haken zu schlagen. Das *Problem* steht wieder da. Zu seiner Lösung nehmen wir gegenüber dem vulgären Glauben an Gestirnwirkungen, die zu deuten wären, eine Schwenkung um 180 Grad vor und denken an *kosmische Einordnung irdischer Lebensvollzüge*. So entspricht es der Souveränität des Lebens und hebt den mit der alten Astrologie verquickten *Fatalismus* auf. Er beläßt dem Menschen die *freie Entscheidungswahl* im Gebrauch seiner mitgegebenen Anlagen. Da in der Deutung des astrologischen Meßbildes (Horoskop, Kosmogramm) sich dem Interpreten immer wieder überkommene Denkgewohnheiten einschleichen – wonach es auch bei Anlagen um eine Zusammenfassung prädestinierter, fertig geprägter Eigenschaften ginge –, macht eine neuorientierte Deutung das *Bewußtsein von Aussagegrenzen* unerläßlich.

Die Lösung des Problems ist nicht so absurd, wie es manchem vorkommt. Auch gegenüber der lange als »okkult« an den Rand geschobenen Alchemie vollzog sich ein Umdenken. Vulgär ging sie unter dem Titel platter Goldmacherei, dann sah man in ihrer Untersuchung stofflicher Umwandlungen eine Vorstufe der heutigen Chemie. Diese halbherzige positivistische Anerkennung wurde verlassen, als man – vor allem ist es ein Verdienst von C. G. Jung –, der Denkweise früherer »Geheimer Gesellschaften« nachgehend, *innere Bedeutungen* in Betracht zog. So gesehen werden die verschroben scheinenden Prozeduren gleichnishaft zu *Stationen der seelischen Transmutation*. Obzwar die Alchemie sich weitgehend astrologischer Symbole bediente, betrafen diese Planetentermini eine geistesgeschichtlich überholte Auffassung.

Die Fragen stellen sich für die Astrologie grundsätzlich anders, und ebenso ungewohnt sind die Ergebnisse.

Beim Durchführen der Untersuchung nehmen wir teil am Entstehen eines neuen Wissenschaftsbegriffs, umfassender und strenger als der bisher geltende. In letzter Instanz ist jedoch wissenschaftlicher Verstand in Schöpfungsproblemen ungenügend. Die Untersuchung bringt uns an Maßstäbe heran, deren symbolische Umschreibung gemeinhin als ehrwürdige Rückstände aus längst verlassenen Weltbildern betrachtet werden. Behauptungen über definierbare Wirklichkeiten müssen allerdings aus der Symbolik und aus magischen Praktiken herausgehoben werden, sofern sich empirische Nachweise finden. Der Ursprung jener Weltbilder lag aber in einer *Einheit von Schau- und Denkkraft.* Sie beschloß ein, was in der ursprünglichen, auch der frühkindlichen Begegnung mit der Welt den Vorrang hat. Geistige Richtlinien daraus trugen die sakrale Ausrichtung des Kunstschaffens, grundbewegend bei der Geburt von Kulturen. Wenn wir eine solche Einheit wiedergewinnen können, rührt es an die *schöpferischen Normen der Natur bei der Hervorbringung ihrer Gestalten.* Mit der Sicht dieser Ursprünge gibt sich der Sinn echter Symbole frei.

Es muß hier deutlich gesagt werden, daß ich keinen Religionsersatz und keine wissenschaftliche Astrologie beabsichtige. Wissenschaft hieße in diesem Zusammenhang Naturwissenschaft, da das astrologische Meßbild aus empirisch aufweisbaren Naturtatsachen gezogen wird. Ergebnisse der Naturwissenschaft berichten von Vorgängen, die objektiver Natur und deshalb experimentell wiederholbar sind. Sie steht und fällt in ihrer überlieferten Form mit der Subjekt-Objekt-Scheidung. Subjektive Meinungen werden durch sie wohltätig von Wahnbildern freigehalten. Erst im Gefolge der Atomphysik wird diese begriffliche Scheidung zu überbrücken versucht. Naturwissenschaft bietet aber keine genügende Handhabe – subjektive Ausdrucksweise anstreitend – zur Beantwortung von Fragen, die *unterhalb* der Subjekt-Objekt-Scheidung, sagen wir im Unbewußten, entstehen.

Ebensowenig können die Geisteswissenschaften herangezo-
gen werden, im Wegfall materieller Befunde ungehemmt spe-
kulierend. Es handelt sich im folgenden darum, ob und wie
ein Vermittlungsverfahren, das in der »anorganischen«
Gegenstandswelt ansetzt, Auskünfte über organische und
seelische Vorgänge geben kann. Obzwar es erfahrungsmäßig
möglich ist, geht die Erklärung nicht ohne Hypothese ab, da
es nicht teilheitliche, sondern ganzheitliche Aussagen sind.
Die Hypothese ist die vorläufige Annahme über etwas Unbe-
kanntes, durch sie glaubt man das Geheimnis aufzudecken,
und deren Wahrheit wird uns nachträglich durch Erfahrung
bestätigt oder widerlegt. Wer im Bilde ist, wie weit unser
Weltbild sich auf solchen Hypothesen aufbaut, kann die
Erschütterung ermessen, die eintreten muß, wenn eine Blickweise ganz anderer Art dieses überkommene Weltbild nur für
bestimmte Perspektiven gültig erklärt. Doch ohne Hypothese
gäbe es keinen Fortgang der Forschung. Selbst der Materia-
list Friedrich Engels sagt, sie sei das »Sprunggelenk der Wissenschaft«.

1
ZWISCHEN BILD UND BEGRIFF

Mit guten Gründen wurde behauptet, Künstler, besonders
Dichter, seien die ersten und vielleicht besten Psychologen
gewesen. Dies betrifft prophetische, moralische, schwärmerische Anrufe des Menschenherzens, noch mehr die Darstel-
lung von Personen, ob in homerischer Typisierung durch
wiederkehrende Beiworte oder ob detaillistisch beschreibend,
etwa in der einfühlsamen Differenzierung der Romane von
Tolstoj oder Dostojewski. Auch ein Psychologe unserer Tage,
Alfred Adler, meint:
»Vor allem aber ist es das Wesen und das Werk des Künst-
lers, des Malers, des Bildhauers, des Musikers, vorzüglich des
Dichters, alle kleinen Züge seiner Geschöpfe so darzustellen,
daß der Betrachter in ihnen die Grundlinien der Persönlichkeit, den Lebensstil zu erfassen vermag, aufzubauen
imstande ist, was der Künstler vorher schon in Hinblick auf
das *Finale* in sie versteckt hatte.«
Abgesehen von solchen gelegentlichen Komplimenten
wird der künstlerischen Schau gemeinhin von seiten der Wissenschaft ein maßgebliches Urteil über *objektive Wirklichkeit*
abgesprochen. Sie sei nur *subjektiver Spiegelung* fähig. In solchen Aussprüchen allerdings wie dem angeführten Zitat
bekommt Einfühlungsgabe die Möglichkeit, einen Zuwachs
an Tatsachenwissen, Einblicke und Erkenntnisse charakterologischer Art – dem psychologischen Wissen der Epoche
überlegen – zu erlangen. Darüber hinaus wirkt in der Beteili-

gung des Beobachters, der ja kein Photoapparat ist, sich eine Gestaltungskraft höheren Grades aus, eindringlicher als sie jeder Mensch schon braucht, um sich den Mitmenschen vorzustellen, wie er ist. Lebendige Einfühlung übersteigt die kalte Feststellung von Wahrheit oder Trug. Kein gewissenhafter Psychologe kann dieses imaginativ-introspektiven Vorgehens entraten, sein Wissen warnt ihn nur, wo Abwege drohen. Ohne seelisches *Nachschaffen* des fremden Charakters wäre seine Erkenntnis unmöglich.

Derartige Schauungen sind meist einem »erdichteten« Sinngedanken eingeflochten. Er ist das »Finale«, von dem Adler spricht, das »Warum« der Schilderung. Bewußte Sinnfindung unterscheidet unsere Seelenlage von der inneren Verfassung einer Pflanze, eines Tieres. Verallgemeinernd lebt im Dichter ein Gespür, unter der Oberfläche der Erscheinungen seien Mächte am Werk, die all dies im wesentlichen bestimmen. Solcherart bilden sich weltanschauliche Inhalte einer Dichtung, denken wir an Hölderlins »Schicksalslied« oder an Herders überraumzeitliche Sicht:

Ein Traum, ein Traum ist unser Leben
Auf Erden hier,
Wie Schatten auf den Wogen schweben
Und schwinden wir,
Und messen unsere trägen Tritte
Nach Raum und Zeit,
Und sind, und wissens nicht, in Mitte
Der Ewigkeit.

Ein Dichter kann, was der Wissenschaftler nicht darf, ganze Reihen analoger Erscheinungen in ein *Symbol* fassen, sinnfällig es umsetzen in *Metaphern*. Fühlt der Dichter aufeinander Bezogenes und sieht »Welt als Spiegelbild der Seele«, so kennt der Physiker entsprechend seinem Entwurf nur die systematische Einheit einer strengen Naturgesetzlichkeit. Der Dichter kann fragen: erschaut der Mensch eine Welt, die schon in seinem Inneren war, oder werden ihm äußere Eindrücke zu Bild und Gestalt? Ihm ist diese Welt transparent für Geahntes, in der logischen Welt der Wissenschaft gilt nur die Ratio, die Ahnungen austreibt. Der Dichter darf »Erdichtetes« verbinden mit herrschenden Anschauungen des »Wirklichen«. So durchschritt Dante im Inferno Visionen der Tiefe, stieg im Purgatorio über moralische Läuterungs-Terrassen auf, um schließlich im Paradiso mit Beatrice durch die Kristallsphären des mittelalterlichen Planetensystems zu fliegen. Ein Astronom beobachtet empirische Planeten, vermißt ihre Bahnen und zieht daraus Schlüsse. Wem die Fragen seines »In-der-Welt-Seins« nicht durch quantitative Begriffe beantwortet gelten, dem stehen irrationale Werte offen. Der Zustrom des Glaubens schafft eine religiöse Bilderwelt. Alle Religionen, die sich um das Seelenheil bemühten, berücksichtigten beim Aufstellen ethischer Richtlinien, ihrem Hauptanliegen, die menschliche »Schwäche«, den *Wandel der Gefühle, der Einstellungen und Anschauungen.* Richtungweisendes »Sollen« greift in Erdichtetes und Sachbezogenes. Bilder weckt auch die Philosophie von Glück und Vergängnis, Tragik und optimaler Erhebung des Menschseins, belehrt uns über die Möglichkeiten und Grenzen der Urteilskraft, bringt die Existenz auf essentielle Nenner. Sie alle betrieben Seelenkunde, machten prosaisch einsehbar oder hoben ins Sakrale, was der Dichter in poetischer Eindringlichkeit fand.

In kultischen Maskentänzen und Ritualen, auf der Schaubühne wurde dies gestaltet, formte sinnbeseelt handelnde Menschen. Psychologisch durchdrungen ist die Rollenverteilung, das Mit- und Gegeneinander von Personen in unseren Dramen. Es war kein bloßes Wortspiel, wenn *Das Leben ein Traum* und *Der Traum ein Leben* auf die Bretter gestellt wurden. Man kann sich auch aus der psychologischen Traumlogik vorstellen, daß unsere Wirklichkeit einschließlich des individuellen Lebens von einem »kosmischen Unbewußten« geträumt wird. Im Traum äußert sich des Menschen Innenleben dramaturgisch, Gemütswallungen, Triebe, Lebensziele werden visuell, im geheimen handelt das dem Normalbewußtsein Unzugängliche und wird anschaubar.

Verglichen mit solcher Fülle unmittelbarer oder mittelbarer Seelenäußerungen ist die Psychologie – trotz Vielfalt der Schulen, dem Aufwand der Untersuchungsweisen und trotz begrifflicher Differenzierung – ein wenig karg in der Ausbeute und unsicher im methodischen Ansatz. Als Wissenschaft muß die Psychologie vom äußeren Verhalten auf die innere Befindlichkeit schließen, aus Beschreibungen zu Grundbegriffen kommen. Der Dichtung genügt ein Erscheinungszusammenhang, Wissenschaft aber soll erklären und *begründen*, wie und warum er zustandekommt. An die vor Augen stehenden Personen war exakte Messung, kritische Überprüfung des Verhaltens heranzutragen. Vielleicht den entscheidenden der vielen wunden Punkte berührte Palágyis Bewußtseinslehre, indem sie darlegte, daß im landläufigen Begriff der »Psyche« intermittierende Bewußtseinsakte vermengt werden mit dem Wellenschlag eines Kontinuums, des Gefühlsstroms. Psyche ist nach Palágyi ein Zwitterbegriff, der laufende Lebensvorgänge und unstetige Denkimpulse zusammenwirft, ihren Gegensatz verwischt. (Über die Autonomie der Seinsschichten später; von ihrer Einbeziehung in die Lehre vom Grundgefüge aus gesehen läßt Palágyi allerdings die seelische Eigenständigkeit zu sehr in der Vitalität untergehen.) Dies ist wichtig, weil nur die geistige Intermittenz und abstrakte Begrifflichkeit fähig sind, *tektonische Elemente* aus einem Lebenszusammenhang auszugliedern. Liefe das Bewußtsein nahtlos verbunden mit im Fluß von Empfindungen, Gefühlsschattierungen, Phantasmen, Wollungen und ihren seelischen Bildreflexen, dann könnte keine *Charakterologie* gefunden werden.

Charakterforschung beginnt mit einer von jedem gemachten Erfahrung. Befinden sich zwei Menschen zur gleichen Zeit in derselben Lage, so sieht jeder die Dinge anders und verhält sich anders. Zu verstehen fordern wir das »Wie« und »Warum« des Andersseins. Eine empiristisch-positivistische Auffassung, wie sie die zweite Hälfte des vorigen Jahrhunderts beherrschte, reduziert dies auf Streben nach *Befriedigung von Bedürfnissen,* bedingt durch die Organisation des Körpers. Das eigentlich Menschliche wird dabei nicht berührt. Hierin finden wir uns gegebenenfalls angetrieben von *entgegenlaufenden Tendenzen.* Asketische Neigungen und Praktiken »um des Menschenwürdigen willen« sind *gegen die Vitalität* gerichtet. Welcher leiblichen Art wären Bedürfnisse, die einen Hungerstreik auslösen? Woher stammt der rätselhafte Drang nach *Unterwerfung persönlicher Interessen unter staatliche Hoheitszeichen, Fahnen, Bibelsprüche und andere Symbole des Überpersönlichen?* Genügt zur Erklärung ein aufoktroyiertes Über-Ich, ist es schicksalhafte Herabminderung, Lebensmüdigkeit, gibt es einen Todestrieb? Unsere Kulturgeschichte wäre ohne derartiges undenkbar. Auch ist der Mensch, soweit wir sehen können, das einzige Wesen, das die Eventualität seines Untergangs und Nichtseins in das Bewußtsein des Seins – anders als in Form der *Angst* – einzustellen vermag. Wir behaupten uns fähig, Grenzen des Wollens, erfahrene Fehlschläge und Negationen aller Art durch Abstraktion vom Eindruck umwandeln zu können in *Positionen der Selbstverwirklichung.* Gelänge uns Nichtbeachtung und Totschweigen dieser Fähigkeit, dann wäre, soweit wir Menschen sind, selbst bei Vollbefriedigung akuter Bedürfnisse keine Zufriedenheit erreichbar. Doch mit solchen *Forderungen über das Naturgeschöpfliche hinaus* nähert sich der Mensch seiner *endgültigen Gestalt.* Darin einen Sinn, eine Bestimmung zu sehen, ist uns wesentlich.

Wie man, unter einer Diktatur lebend, auch als Gegner thematisch durch sie okkupiert wird, war für die Psychologie um die vorige Jahrhundertwende der gesunde Leib sowie das leibliche Wohlbefinden die anzustrebende Norm, ja, der »Jugendstil«. Dies lenkte das Augenmerk übermäßig auf Störungen und Entartungen dieser Tendenz. Fast gleichzeitig mit dem Erscheinen der *»Grundlagen der Charakterkunde«* von Klages führten die Überlegungen Freuds zur Psychoanalyse, legte uns andererseits Kretschmer *»Körperbau und Charakter«* vor. Beachtlich war bei Kretschmer, Freud und wurde auch sonst deutlich, daß eine Zugrundelegung von Konstitutionstypen und traumatischen Einwirkungen die *Geisteskrankheiten* erklärbar macht als *abwegige Entwicklung normaler Anlagen.* Kretschmer sah Endstationen der typischen Sondernote, die Psychoanalyse deutete psychische Erkrankungen überhaupt aus *Vorkommnissen der Lebensvergangenheit* und wies auf die Möglichkeit der Heilung durch Bewußtmachung der Blockade. Demgegenüber beharrten rein geisteswissenschaftliche Systeme – Psychologie war ja früher ein Untergebiet der Philosophie –, etwa die Typenlehre von Spranger und andere vorwiegend aus Diltheys »verstehender Psychologie« hervorgegangene Lehren, auf rationalen Einteilungen.

Untersuchungen und Anschauungen steuern unser Thema von verschiedenen Seiten an. Zum Verständnis der hier vertretenen Menschenkunde, ihrer Andersartigkeit, ist daher ein orientierender Streifzug durch psychologische Auffassungen, Methoden und Ergebnisse geboten. Vollständigkeit darf nicht erwartet werden, nur einige markante Ansätze werden aufgewiesen.

22

2
CHARAKTEROLOGISCHE EINTEILUNGEN

Der erste Ansturm naturwissenschaftlichen Denkens auf das
Innenleben versuchte vermutlich eine simple Gleichsetzung
von Gedächtnis, Empfinden, Aufmerksamkeit, Wille usw.
mit physikalischen Begriffen wie Schwere, Wärme, Energie,
Licht und Schall usw. Nachdem solche naiven Vergleiche ad
acta gelegt waren, untersuchte man – theoretisch ausgebaut
mit Leibnizens Monadologie, die das Bild gleichgestellter
Uhren brachte – Zusammenhänge zwischen Leiblichem und
Seelischem als Parallelgang zweier Welten. Entsprechend der
allgemeinen Anschauung vom Universum geriet die Welt der
Seele immer mehr unter die Herrschaft quantitativer und
mechanischer Anschauungen der Physik. Transzendentale
Wesenheiten als Träger und Verursacher von seelischen Vorgängen wurden indiskutabel. Versuche zur Zeit der Romantik, dergleichen wiederzubeleben, wichen dem Entschluß,
lediglich Leistungen der Sinnesorgane und des Gehirns bzw.
der Nervenmasse in Betracht zu ziehen, nur experimentell
Erfaßbares gelten zu lassen.

Diese »Psychologie ohne Seele« beschrieb Erscheinungen
des Denkens, Fühlens, Wollens und ihres Zusammenwirkens
in einem ununterbrochen fließenden Geschehen. Wo es möglich war, suchte man dies mit Meßverfahren der Exaktheits-
forderung zu unterwerfen. Allmählich entstand so die »Reiz-
Reaktions-Maschine« Mensch. Vital gelenkte Denkvorgänge
blieben ungeschieden von der diskontinuierlichen Natur spe-

zifisch geistiger Akte. Beides schwomm zusammengeworfen im »stream of consciousness« (William James). Insbesondere zeigte sich der Mangel einer autonomen Lebenslehre als Unterbau der Seelenkunde. Das von außen herangehende Bewußtsein des so geschulten Beobachters kann nur den Mechanismus von Verrichtungen, Verhaltensformen feststellen. Noch heute spricht der auf die letzteren sich beschränkende Behaviorismus von der Seele wie von einer bloßen Annahme.

Inzwischen wurden Schaltzentralen gesucht, völkerpsychologische Untersuchungen angestellt, eine Wertmetaphysik und eine pragmatische Ethik der Psychologie eingebaut, verschiedene Typologien entworfen, Reaktionszeiten gemessen, eine Psychologie des Verstehens, der Determination durch die soziale Lage versucht, auch das Gestaltproblem vom Bewußtsein her aufgegriffen. Dies und vieles mehr weitete das Gesichtsfeld, hinterließ aber statt *Sichtbarmachung des verantwortlichen Eigners der zugelegten Prädikate*, statt reicheren Wissens von der sich selbst bestimmenden *Person und ihrer Struktur* ein Ignorabimus analog dem blinden Fleck auf unserer Netzhaut.

Im Ansatz einer kodifizierenden Betrachtung sowie der Erklärung charakterlicher Unterschiede wurde immer klarer, daß man den Charakter von seinen *Bedingungen* oder von seiner *Ausrichtung* her anvisieren kann. Methodologisch erheischt dies eine Anwendung der *Kausalität* oder der *Finalität*, dies entscheidet über Auswahl und Einteilung der Elemente. – Zuvörderst mußte eine wertfreie Beurteilung ermöglicht werden. Das Wort »Charakter« hat im gewohnten – vor allem im angelsächsischen – Sprachgebrauch einen *wertenden Beiklang*, sei es moralisch als gut oder schlecht, sei es in bezug auf Willensfestigkeit als stark oder schwach, auf Gesittung bezogen als fein oder grob und schließlich in Hinsicht der Eignung zum Zusammenleben im Grade der Verträglichkeit. Ein Mensch »hat« eben Charakter oder er »hat keinen«. Selten meint man die *Art des Soseins*, das Charakteristische wie bei Baustilen, Staatsformen, Landschaften.

Mit dieser Sachlage hatte sich Ludwig Klages auseinanderzusetzen, als er den Grundformen des Charakters nachging. Er sah richtig, daß die charakterliche Eigenart eines Menschen auf einem *Gefüge,* dem *gegliederten Insgesamt von Anlagen* beruht. Hier unterschied er als »Stoff« des Charakters die Mengeneigenschaft von Denken, Fühlen und Wollen sowie, als das ihn Gestaltende, die »Triebfedern«, in deren Richtungseigenschaften sich spontane und passive Egoismen zusammenfassen. Aus dem Verhältnis zwischen beidem suchte er die innere Verlaufsform zu bestimmen.

An einem Anfang sich wissend, schied Klages die Charakterkunde von der Praxis des Menschenkenners, der auf Anhieb weiß, was er von einem anderen bezüglich seiner Brauchbarkeit für bestimmte Vorhaben zu halten hat. In einer Charakterkunde wird etwas anderes benötigt als Scharfblick für verwendbare Eigenschaften anderer. Die Erforschung des Menschenwesens verlangt *elementare Grundlagen,* Gemeinsamkeiten aller Charaktere, an denen sie sich unterscheiden, sowie ihren *Verteilungsschlüssel.* Hierin sah Klages die Fremderkenntnis der Selbsterkenntnis vorangehen, ähnlich wie Fichte aus der gedachten Anderheit die Inhalte des bewußten Ichs ableitete. Das Ich erkennt sich demnach aus dem Du, aber in der psychologischen Rückbezüglichkeit wird ein tieferes Wissen vom Du wiederum gespeist aus der Selbstbesinnung.

Was Klages als Elemente anbietet, verwischt aber bei aller lebensnahen Beschreibung oft den Unterschied zwischen *Anlageprinzip* und *fertiggeprägter Eigenschaft.* Indem die Einteilung von vorgefundenen Eigentümlichkeiten des Verhaltens ausgeht, verabsolutiert sie etwa Gutmütigkeit oder Bosheit, berücksichtigt nicht die oftmals statthabende Entfaltung eines und desselben Prinzips in zwei Extreme der Moralität. Modifikationen werden so als verschiedene Charakteranlagen aufgezählt. Vielfach klingen in der Bevorzugung empirischer Charakterzüge auch Konzessionen an den Zeitgeschmack des Spätimpressionismus mit. Doch bleibt es das historische Verdienst von Klages, gesehen zu haben, daß das

Rüstzeug der Charakterologie ein *Arsenal von Elementen* ist, aus denen sich *aufbaut, was in Erscheinung tritt.* Damit hat er den Strukturgedanken eingeführt. Auch war er vorurteilslos genug, statt des seit Hume herrschenden Sensualismus die Wahrnehmungslehre von Palágyi gelten zu lassen.

Begrifflichen Feststellungen setzte Klages die *Veränderlichkeit der Eigenschaftsbegriffe* entgegen, denn »über ein Wesen« – sagt er, der unablässigen Wandlung des Lebendigen angemessen –, »weiß ich nie mit Bestimmtheit voraus, wie es aufgrund seiner jetzigen Eigenschaften sich später einmal verhalten wird.« Dies ist eine strikte Absage an die rationalistische Selbstherrlichkeit des »Laplaceschen Dämons«.

An der wertfreien Betrachtung der Seinsformen hinderten ihn aber zwei Lieblingsthesen, die These vom »Geist als Widersacher der Seele« und die These von der »zerstörerischen Natur des Willens« (gemeint in bezug auf bewußtes Wollen). Wieweit dies berechtigt ist, wird später besprochen. Seine im Grunde individualistische Sicht bekundet sich darin, daß er als »unechte« Charaktereigenschaften solche ansah, die im Dienst von Forderungen der Gemeinschaft stehen: Verläßlichkeit, Redlichkeit, Treue oder Eigenschaften des Betragens, etwa aufdringlich, bescheiden sein usw. Schließlich fallen bei ihm als nicht zum Selbst gehörig aus: Hunger, Durst, Geschlechtstrieb usw.; sie gelten für Klages als Eigenschaften des Vitalcharakters.

Wie Begriffe ins Schleudern kommen, wenn man zu sehr auf den Tagesgebrauch der Worte hört, zeigte sich bei Klages an der Einschätzung des *Temperaments.* Unter diesem Begriff werden Ablaufstempo, Kraft und Nachhaltigkeit, vorherrschende Tönung der Affekte verstanden. Von Hippokrates und Galen stammt die überlieferte Einteilung, welche Gemütsart und Handlungsweise mit körperlichen Vorgängen zusammenbringt; diese Säftelehre ist aber nicht der Grundstein der traditionellen Vierheit. Kant ließ dessen ungeachtet die charakterlichen Unterscheidungen gelten; er verstand sanguinisch als leichtblütig, melancholisch als schwerblütig, cholerisch als warmblütig und phlegmatisch als kaltblütig.

Die ersten beiden bezeichnete er als Temperamente des *Gefühls,* die letzten beiden als Temperamente des *Willens.* Trotz der schon früh erkannten Unstichhaltigkeit der antiken Säftelehre gegenüber modernen blutchemischen Untersuchungen hielt noch Wundt an der überlieferten Vierheit fest. Gemäß der üblichen quantifizierenden Zergliederung versuchte er als Erklärung:

	stark	*schwach*
schnell	cholerisch	sanguinisch
langsam	melancholisch	phlegmatisch

Aus seiner Lebensphilosophie verurteilte Klages »die Herrschaft der Zahl«, in der er eine Abhängigkeit des Verstandes von geprägten Denkformen sah. Er ließ die Unterscheidung von gallig, aufgeregt (cholerisch), verhalten, schwermütig (melancholisch), sprunghaft, leicht beweglich (sanguinisch) und lymphatisch, schwer beweglich (phlegmatisch) fallen, rückte ab von der traditionellen Vierheit. Statt dessen legte er *Willenserregbarkeit* und ihr analog *Gefühlserregbarkeit* zugrunde, sah eine Wechselwirkung zwischen inneren Triebkräften und Widerständen, so daß im Ausdruck lediglich *Leichtigkeit und Gehemmtheit der Äußerung* sich gegenüberstanden. In bezug auf die temperamentmäßige Verlaufsform blieb somit – wie im landläufigen Wortgebrauch – nur »mehr« oder »weniger« Temperament haben. »Temperamentvoll« bedeutet dann hemmungslos oder leicht, »temperamentlos« gehemmte oder schwer in Gang gebrachte Äußerungsweise.

Gerade die Temperamenten-Vierheit, die erst später Robert Heiss wieder in ihren charakterologischen Rang einrückte, nahm Ernst Kretschmer auf und suchte sie in seinen Konstitutionstypen unterzubringen. Der von ihm aufgezeigte *Zusammenhang zwischen Körperbau und Charakter* schien ihm damit erst vollständig, und dies ermächtigte ihn, qualitativ Verschiedenes zur Zweiheit zusammenzufassen. Nachträglich veranlaßte ihn das Unbestimmte von »Mischtypen«

zur Aufstellung eines dritten Typus, des *Athletikers* (gut entwickelte Muskulatur, ausgeprägter Brustkorb, starke Knochen). Seine große Entdeckung der Übereinstimmung von Eigentümlichkeiten der Gestalt, Physiologie und Gemütsart machte er an *Leptosomen* (schlank, magere und spitze Formen) sowie an *Pyknikern* (füllig, runde und schwingende Formen). Als Ergebnis statistischer Untersuchungen, mit genauen Messungen durchgeführt, fand er beim erstgenannten Körperbau überwiegend geborene Autisten, eine Tendenz zur Abgrenzung gegen die Umwelt, beim zweitgenannten ein stärkeres Einbezogensein des auf und nieder gehenden Stimmungstons in umweltliche Vorfälle. Diese hier nur skizzenhaft angedeuteten morphologischen und psychologischen Eigenheiten brachte Kretschmer in Beziehung zu den beiden von Kraepelin herausgearbeiteten »Formenkreisen« der *schizophrenen* und *manisch-depressiven* Erkrankung (später vielfach statistisch als solche bestätigt). Jeder der Konstitutionstypen ist in großer Variationsbreite zu denken. Kretschmer suchte diesem Umstand mit Unterscheidung verschiedenartiger Temperaments-Zugehörigkeit beizukommen. Die Verbindung von *sanguinisch und melancholisch* ergibt ihm zufolge die diathetische Proportion zwischen gehoben (heiter) und depressiv (traurig) beim *Zyklothymiker*. Die Verbindung von *cholerisch und phlegmatisch* ergibt dann die psychästhetische Proportion zwischen hyperästhetisch (empfindsam) und anästhetisch (kühl) beim *Schizothymiker*. Dies sind allgemeine und auch beim Gesunden anzutreffende Anlagen, also nur vorauszusetzende Annäherungen an das manisch-depressive oder schizophrene Krankheitsbild. Benannt wurden damit Voraussetzungen, die gegebenenfalls zu den entsprechenden Erkrankungen führen, physiologische Bedingungen ihrer Herausbildung.

Robert Heiss bringt in seiner *Lehre vom Charakter* ein überblickhaftes Schema.

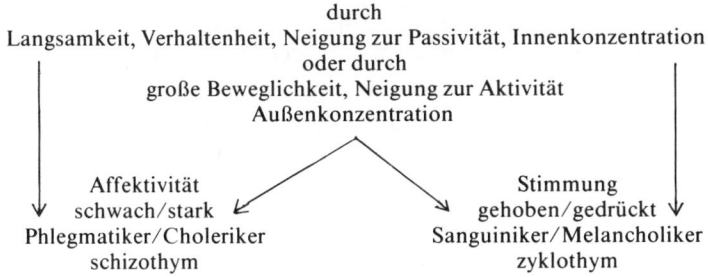

Der seelische Gesamtablauf ist beherrscht

durch
Langsamkeit, Verhaltenheit, Neigung zur Passivität, Innenkonzentration
oder durch
große Beweglichkeit, Neigung zur Aktivität
Außenkonzentration

Affektivität
schwach/stark
Phlegmatiker/Choleriker
schizothym

Stimmung
gehoben/gedrückt
Sanguiniker/Melancholiker
zyklothym

Mit seinen Konstitutionstypen überspannte Kretschmer jedoch die Aussagekraft einer Typologie. Typenlehren bieten einen raschen Überblick und sind daher geeignet für überschlägliche Urteile der pädagogischen, medizinischen, therapeutischen Praxis. Über den charakterologischen Wert darf man sich nicht täuschen. Tiefere Einblicke ermöglicht erst die Kombination mehrerer solcher Typenlehren. Typen sind Querschnitte durch die Mannigfaltigkeit menschlicher Charaktere, sie liefern keine Bausteine von solchen. Genaugenommen vereinigt jeder von uns eine große Anzahl von Äußerungen verschiedener Typenhaftigkeit – so daß man einen jeden mehrfach und verschieden einreihen müßte –, ohne daß mit deren Feststellung etwas wie Entscheidung und Verantwortung, also zur lebendigen »Kernreaktion« Gehöriges, benannt wäre. Ein Körperbautypus führt in physiognomische, ein Konstitutionstypus in physiologische Zusammenhänge, sie müssen sich nicht unbedingt decken. Kretschmer nennt Temperament eine Verbindung von beidem, zusätzlich mit seelischen Eigenheiten. Das Fragwürdige einer solchen Verbindung ist nicht allein die Möglichkeit, sondern die charakterologische Unterbringung. G. Ewald z.B. weist darauf hin, daß das Temperament ein für allemal erbbiologisch bedingt sei, während man Grundlagen des Charakters in der Funktionsbereitschaft des Zentralnervensystems zu suchen habe.[1]

Statt einförmig wiederkehrende Charakterzüge unter Kretschmers Feststellungen zu erwarten, sehe man darin *Sammelbegriffe,* durch welche unterschiedliche Individuen in gewissen Merkmalen katalogisiert werden können. Seine vorbildlich prägnanten Beschreibungen von Patienten werfen oft gegensätzliche Erscheinungen zu einer Konstitution zusammen, als Gemeinsames eines variablen Erscheinungsbildes.

Schizoid

1 Ungeselliger, humorloser Sonderling, ernsthaft, zurückhaltend, still.
2 Feinfühliger Natur- und Bücherfreund, schüchtern, empfindlich, gegebenenfalls nervös und aufgeregt.
3 Fanatischer Despot, abseitig, seltsam, manchmal auch feinsinnig – kühl.
4 Pathetischer Idealist, jäh aufflackernd.
5 Lenksame Bravheit, scheu, oft stumpf und dumm.

Zykloid

1 Heiterer Realist, offenherzig, gemeinschaftsfähig, unkompliziert.
2 Humoristischer, lebhafter, witziger Polterer, durch Zusprache aber zu besänftigen.
3 Schlichte Geselligkeit, gemütlich, gutherzig, freundlich.
4 Stille und ruhige, die Dinge schwernehmende Weichheit.

Die schizoide, häufig springende Gefühlskurve bewegt sich zwischen zäh haftend und jäh umschwenkend, stumpf aber reizbar.

Die zykloide, sehr weich schwingende Gefühlskurve bewegt sich zwischen traurig und heiter, beides im Wechsel miteinander, warmes, gut ansprechbares Gemüt.

Bei Begriffen, die so unterschiedliche Varianten zusammenfassen, tritt eine allgemeine Fragestellung heran. Psychologie, die jüngste der Grundwissenschaften und als solche noch lange nicht anerkannt, ermangelt strenggenommen eines empirischen Gegenstandes und hat es doch nicht nur mit Abstraktionen zu tun. Natürlich kann man sagen, Thema sei der Mensch und was in ihm vorgeht. Zur Beschreibung der Erscheinungen genügen behavioristische bzw. phänomenologische Methoden. Die inneren Vorgänge werden ermittelt durch die für »Exakte« fragwürdige Introspektion, durch Hineintragen des an sich selbst Erfahrenen in den anderen. Man registriert also am Mitmenschen, wofür man eigentlich nur sich selbst Zeuge ist, glaubt damit alle menschlichen Äußerungen erfassen zu können, das spezifisch Menschliche, denn bei Pflanze und Tier sind wir noch mehr auf vergleichende Mutmaßungen angewiesen. Dies alles erscheint fragwürdig und unvollständig. Gegenständliches haben wir allein in der *Motivation,* in Dingen, durch welche Innenvorgänge und Handlungen veranlaßt werden. Anderseits ist der Mensch ja selber leiblich da, und die körperliche Ausdrucksgestalt gehört mit zur Seelenkunde.

Wieweit kann hier die cartesianische Scheidung in *res extensa* (ausgedehnte Dinge) und *res cogitans* (denkbare Dinge) wissenschaftlich geltend gemacht werden? Ist sie nicht schuld am Mißverständnis der Lebensvorgänge, an der unheilvollen Trennung von Ich und Welt und dem Materie-Geist-Dualismus? Ist das *Bewußtwerden* – cogito ergo sum – ein genügender Existenzbeweis?

Auf die Motivation bezogen wurde entdeckt, daß auch Motive, die *nicht bewußt* sind, ein Handeln auslösen und die Haltung bestimmen können. Untergründig war dies längst verspürt worden. Die Romantik hinterließ das Credo: der Mensch ist weitaus mehr, als er von sich weiß und wissen kann. Sie entwickelte den Begriff des Unbewußten oder Unterbewußtseins als Gegenschlag gegen den Rationalismus der Aufklärungszeit. Dies ging nun in eine neue Form tiefenpsychologischer Betrachtung ein, und deren Ergebnisse waren dem Gebildeten um die vorige Jahrhundertwende zunächst absurd. Die genauere Untersuchung des Verhältnisses zwischen bewußten und unbewußten Lebensvorgängen, die Ausbreitung einer darauf gegründeten Lehre verdanken wir Sigmund Freud. Er führte die Psychologie in die Heilkunde ein, indem er das Augenmerk auf pathologische Vorgänge lenkte und mit der Frage nach Entstehung der Symptome zugleich diejenige der Heilung stellte.

Daß durch analytisch betrachtete Nachwirkung vergangener seelischer Verletzungen, sobald sie sich einseitig im Bewußtsein festsetzt, auch die *Tektonik des individuellen Charakters* verwischt werden könnte, diese Frage war noch nicht spruchreif, stellte sich erst in der therapeutischen Praxis.

Ursprünglich Neurologe, positivistisch denkend, entdeckte Freud zunächst, daß hysterische Erscheinungen nicht mit Hirnanatomie, sondern mit der Ansprechbarkeit bestimmter Vorstellungsinhalte zu tun haben. Damit verließ er den materiellen Kausalzusammenhang und kam zu einer *seelischen Bildersprache.* Die Verwendung von Hypnose, die schon sein Lehrer Janet eingeführt hatte, ermöglichte es, die Hysteriker zurückzuversetzen in eine Zeit, in welcher das Symptom zum ersten Male auftrat. Als Anlaß fand sich stets ein *Trauma* (seelische Verletzung). Nicht das Geschehen also, sondern das *Erlebnis* enthüllte sich als Ursache. Das festgehaltene Trauma – häufig waren es Ereignisse in der Kinderzeit – bestimmte auch die späteren Symptome. Heilung erfolgte oft schon durch Bewußtmachen des Zusammenhangs, wenn der Patient möglichst ausführlich und affektbetont – manchmal unter Krämpfen, mit einbeschlossen Halluzinationen, Neuralgien – den Vorgang schilderte. Intuitiv hinter die Phänomene blickend sah Freud, daß es unbewußte krankmachende Erinnerungen gab, die durch bewußtes »Abreagieren« unter Aufwühlung seelischer Tiefen verarbeitet werden können. Als Bestandteil der Behandlung die Rolle von *Widerstand und Übertragung* aufdeckend – eingesetzt vom Patienten, um fehlgeleitete, unerfüllte, enttäuschte Liebes- und Vergeltungsansprüche zu verwirklichen –, auch neu entstehende *Verdrängungen,* wenn der Patient diese Ansprüche nicht

32

wahrhaben will, in Rechnung setzend, baute Freud seine *Lehre vom Unbewußten* als Therapie aus.

Diese methodologischen Grundlagen der späteren Psychoanalyse sind unverlierbares Gedankengut. Freud entdeckte weiter, daß neurotische Symptome nicht aus konkreten Dingen, die erlebt wurden, sondern aus unverwirklichten *Wunschphantasien* ableitbar sind. Psychische Realität ist dann für den Psychologen etwas anderes – und vielleicht für den Menschen überhaupt bedeutsamer – als materielle. Ab da löste sich Psychologie langsam von materiell-mechanischen Begründungen, wenn auch zuerst die Konsequenz noch ausblieb. Es konnte *ein Gegensatz »halluzinatorischer Traumgedanken« zur »wissenschaftlichen Realität«* gesehen werden, ein inneres Kräftespiel, in dem Verdrängen denkbar wurde als *Schutzmittel* gegen Unlust. Anderseits verschob sich das Verhältnis zur rational beurteilten Wirklichkeit – auch für den Behandelnden –, wenn man sah, daß mitunter das Handeln – gesehen als motorische Abfuhr seelischer Energie – *unlogisch aber zweckmäßig* vorging.

Dies blieb bei diskutablen Voraussetzungen. Doch Freud begab sich ins ideologisch Strittige mit seiner *Sexualtheorie.* Zum Agens der seelischen Vorgänge, den entdeckten Einzelheiten einen dynamischen Zusammenhang gebend, ernannte er die *Libido.*[2] Er nahm einen weltlosen Zustand des Neugeborenen an, zeitlich abgelöst vom Saugen an der Mutterbrust als autoerotische Befriedigung. Am Anfang war die Lust! (Von Jung später als Lebenslust überhaupt verstanden.) Die frühkindliche Vorstellungswelt besteht Freuds Theorie zufolge aus wunschbestimmten und nach Erfüllung verlangenden Halluzinationen des infantilen Sexualtriebes, Grundlage nachmaliger Phantasien. Was Klages als nicht zum Selbst, sondern zum Vitalcharakter gehörend ansah und aus den charakterologischen Elementen ausschied, wurde mithin bei Freud zum Grundbewegenden individueller Äußerungen und zur Ursache eines Quasi-Charakters. Dies war sein anthropologischer Kardinalfehler. Günstigenfalls sind auf diese Weise Einzelwendungen animalischer Art, hineingespiegelt in menschliche Psyche, beschreibbar, doch über den Charakter sagt es nur *Anekdotisches aus der Individualgeschichte.*

Demgemäß sah Freud das Austragen seelischer Spannungen (die »Abfuhr«) reguliert durch die Lust-Unlust-Schwelle, auch wenn er später ein »Jenseits des Lustprinzips« verkündete. Er entdeckte, daß Vorstellungen nur dann erlebt werden, wenn sie mit »psychischer Energie« besetzt sind. Eine fragwürdige Entdeckung, wenn verallgemeinernd mit dem Libidobegriff verquickt: demnach sind geistige Inhalte durchsetzungskräftig als *Zielvorstellungen, soweit sie Lustgewinn versprechen.* Geist wurde unversehens zum Handlanger vitaler Vorgänge. Freud konstruierte zwei psychische Systeme: ein ursprüngliches, lebensgeschichtlich älteres, das auf ungehindertes Abströmen der »Besetzungsenergie« gerichtet ist, sowie ein sekundäres System, individualgeschichtlich geprägt, das durch soziale Anpassung des Ichs bestimmt ist. Im letzteren kommt die habituelle Haltung zum Ausdruck. Dies »Ich« hat mit der Triebgrundlage, dem »Es«, zu rechnen als einer inneren Macht, die alle vitale Vergangenheit in sich schließt, und der Rationalist in Freud sagt: »Das Es muß zum Ich werden.« Als eine die Moral verfechtende Oberdominante sah Freud das *Über-Ich* bzw. er gab einem vorhandenen, auch anders verstehbaren Begriff diese ideologische Bedeutung. Das Freudsche Über-Ich ist etwas durch fremde Einflüsse Aufgestocktes, ein Niederschlag von Anweisungen, Befehlen, Werturteilen, Idealen oder eingeimpften Vorbildern der Eltern oder sonstiger Erzieher. Es enthält nur, was forderungshaft aufoktroyiert wurde, entspringt nicht etwa einem eingeborenen Streben über sich hinaus. Wenn es das Verhalten bestimmt, dann vermöge unbewußt gewordener Strafangstgefühle.

Abgesehen von ethischen Einwänden, die hier anknüpfen, hat die Psychoanalyse unleugbar den Horizont der Menschenkunde erweitert. Doch bei allem Erkenntniszuwachs in seelischen *Relationen* geht die Charakterologie leer aus, denn sie fragt nach einer *absoluten Grundlage* und nach *Elemen-*

ten. Die Frage Kretschmers nach einem Zusammenhang zwischen Körperbau und Charakter blieb ganz außer Betracht. Die wohldurchdachte psychoanalytische Lehre umfaßt *veränderliche, umweltlich ausgelöste Reaktionen des Vitalcharakters,* nicht darin zu suchen ist ein *bleibendes Grundgefüge der Individualität.* Die Lebenstriebe bekommen im Freudschen Libidobegriff eine psychische Färbung, welche dem erhobenen Vorwurf der »Pansexualität« eine gewisse Berechtigung gibt. Das *Triebwesen* jedenfalls gewinnt an Wichtigkeit. Daß *Menschenwürde* ein so unzeitgemäßer Begriff wurde, geschah nicht ohne Einfluß dieser rasch verbreiteten Lehrmeinung.

Aus anderen als ethischen Gründen, aus abweichender Auffassung der innerseelischen Beschaffenheit des Menschen, nahm ein Teil von Freuds Mitarbeitern und Zeitgenossen seine Lehre nicht in allen Punkten an. Es kam zu den vielbesprochenen »Abtrünnigkeiten«. Dunkel spielte dabei vielleicht die *charakterologische Forderung* mit.

Der Zusammenhang zwischen Leidenssymptom und pathogener Idee konnte auch anders gesehen werden. Man kann, wie gesagt, mehr von Bedingungen ausgehen oder mehr auf die Ausrichtung blicken. Während bei Freud das *kausale* Prinzip herrscht, sah Alfred Adler vom *finalen* Prinzip aus die Dinge so, daß Eigenschaften und Verhaltensweisen sich aus existentiellen Gründen sozusagen »arrangieren«, um herankommenden Anforderungen zu genügen. Er ging aus von »der Linie, die einer verfolgt«. Die durch ihn begründete Individualpsychologie leitet die Erscheinungen nicht kausal von einer doktrinären Ursache ab, etwa den Behauptungen einer Sexualtheorie. Sie sieht die Entscheidungen, die auch nach Adler bereits in früher Kindheit fallen, abhängig von Zusammenhang und sozialer Lage der Familie, der Stellung des Individuums im herkömmlichen Milieu (die Rolle der Geschwister wurde in der Nachfolge besonders von Fritz Künkel betont) sowie abhängig vom Umgang, der die Eigenentwicklung fördert oder stört. Grundlegend wirkt in alledem das nahegebrachte Bewußtsein der *Zugehörigkeit oder Aus-*

schließung. Es schafft nach Adler die Schablone der ange-strebten Daseinsbewältigung, das Ziel und Vorbild, den Lebensplan. Am bekanntesten wurde die von ihm vorgetra-gene Lehre, daß *Organminderwertigkeiten,* wenn sie nicht an der Entwicklung von neurotischen Symptomen und Minder-wertigkeitsgefühlen beteiligt sind, die Haltung umschlagen lassen können in *übersteigerten Macht- und Geltungsanspruch* (Überkompensation). Adler warnt aber davor, derartiges in jedem Fall anzunehmen. Er sieht die »Prestigepolitik« der meisten Individuen begründet im umgestülpten Zurückge-worfensein auf sich, im Abgeschnittensein vom »Band der menschlichen Zusammengehörigkeit«.

Eines der wichtigsten Ergebnisse Freuds war die *Traum-deutung,* auch in Beachtung der Tagträume, aus dem Kon-flikt des Bewußten – das auf Umwegen als sog. Traumzensur eingreift – mit dem Unbewußten. Auf dem ursprünglichen Libidobegriff fußend, sah er darin hauptsächlich *verdrängtes Triebbegehren* wirksam, ermittelt durch hervorgerufene »Assoziationen« (unwillkürlich einem Wort sich beigesel-lende Vorstellungen). Diese Übersetzung der Sprache des Traums in die Alltags- bzw. mitteilende Denksprache, die Entschlüsselung der Bilder als Triebsymbole, gab natürlich viel Anlaß zur Kritik. Berechtigt oder nicht: orthodox ver-standen, konnte man nach dieser Theorie – von Stekel und anderen im gleichen Sinne ausgebaut – an Sexualsymbolen gar nicht vorbeiträumen.

Eine weniger monothematische Betrachtung erweiterte dann die Bedeutungen, und die Trauminhalte waren nicht allein vom Wunscherfüllungsgedanken und der beschneiden-den Zensur aus zu beurteilen. Vor allem C. G. Jung grenzte sich hier ab mit der Auffassung, daß der Traum einen bestimmten *Sinn humanen Inhalts,* der nicht bewußt zu sein braucht, *impliziert* (stillschweigend voraussetzt), in adäquaten Bildern gestaltet. Auch maß er den unterschwelligen »Schwankungen« bzw. Wahrnehmungen im Tiefenbereich der Seele größeren Wert bei, sah darin eine unwillkürliche psychische Tätigkeit. Nahm man *vererbte* seelische Inhalte an, so hieß dies hinausgehen über das individuelle Unbewußte, bei Szondi im familiär Unbewußten in bezug auf Triebanlagen gesehen. Jung überschritt diese Grenze im Gedanken des *kollektiven Unbewußten;* verstand man das Unbewußte als ehedem Bewußtgewesenes und dann Verdrängtes, dann konnten dies nur Relikte aus Früherem, ein Fortbewahren des in archaischer Zeit Gedachten sein. Jungs »Archetypen« der seelischen Tiefenschichten sind demgemäß zu begreifen als urtümliche Bilder ewiger menschlicher Probleme und der Versuche, sie zu lösen, in den Mythen der Frühzeit schon auftauchend. Schicksalhafte Einbrüche des Überpersönlichen, Gleichgewichtsstörungen werden manchmal zu Stufen eines *in die Tiefe gehenden Individualprozesses,* in »Traumserien« abgewickelt.

Immer mehr führte dies weg von der naturwissenschaftlichen Erklärungsweise, in der Freud verhaftet blieb, indem er das Seelenleben von *konkreten Bedürfnissen* angetrieben sah und eigentlich nur solche anerkannte. Am Beginn der individuellen seelischen Entwicklung stand bei ihm keine Regung im Gefühlsfluidum zwischen Mutter und Kind, sondern »der Genuß des Milchstroms«. Bei dieser Einstellung zur leibseelischen Zweieinigkeit galt auch der spätere Sexualpartner als wesensfremd. Freud sprach lediglich vom »Sexualobjekt«, in den Beziehungen zur Mitwelt regiert bei ihm *die Verlötung von Reiz und Reizbefriedigung.*

Sich abwendend von doktrinärer Einseitigkeit, war C. G. Jung der Vollender des psychoanalytischen Grundgedankens, der eine *Einigung von Sachwelt und Bedeutungswelt* in den seelischen Vorgängen und im Verhalten suchte. Die Beibehaltung des Libidobegriffs, wenn auch über die Organbeschränkung hinaus ihn ausweitend in den positiven Lebensantrieb überhaupt, war vielleicht zu traditionstreu in der Linie geblieben, so auch im Begriff der seelischen Energie. Oft muß man den Bedeutungswandel zwischen den Zeilen lesen. Die Trauminhalte führten bei ihm in die Symbolik magischer Kulturen und religiöser Schau, zu Streifzügen in den Erkenntnisdrang aller Zeiten. Diese Einstellung erkannte die Berechtigung metaphysischer Systeme an, als *Realitäten psychischer Energie,* nicht minder real als diejenige naturwissenschaftlicher Experimente. Es war kein Bruch in seinem Denken, als er, ungeachtet der in ihrem Bereich gelten gelassenen Naturkausalität, mit der *Synchronizität* ein *akausales* Prinzip aufstellte. Gemeint war das gleichzeitige Innewerden *sinngemäß* zusammengehöriger, wenn auch nicht in kausaler Beziehung befindlicher Erscheinungen.

Angesichts des umfangreichen Werkes von C. G. Jung – auch reichhaltiger Literatur darüber – sind damit seine Denkansätze und Leistungen nur stichwortartig und sporadisch angeführt. Auf das Thema der Charakterologie uns beschränkend, sei nur das häufige Mißverständnis seiner *psychologischen Typen* berichtigend aufgegriffen. Wie Jung selber betonte, sind sie keinesfalls zu verwechseln mit Charakteranlagen. Jung beschrieb vielmehr das wechselnde, in verschiedenartigen Dualismen geäußerte Auftreten einer *introvertierten* und einer *extravertierten* Haltung im Verlauf der abendländischen Geistesgeschichte. Die Varianten in jeder derselben machte er deutlich am jeweiligen Vorherrschen – individuell abgewandelt – von *Denken, Fühlen, Empfinden* oder *Intuieren* mit Bestimmung der Haupt- und Nebenfunktionen. Dies seien typische Formen des Ansprechens auf die Welt. Nach Jung »sind Introversion und Extraversion gar keine *Charaktere,* sondern *Mechanismen,* die sozusagen beliebig aus- und eingeschaltet werden können. Nur aus ihrem habituellen Vorherrschen entwickeln sich dann die entsprechenden Charaktere«.[3]

Es sei nicht verkannt, daß uns die Tiefenpsychologie reiche und wichtige Einsichten gebracht hat, mancherlei Mängel der Menschenkenntnis behob und Leiden milderte, wenn nicht abstellte. Gerade durch die Ausklammerung der *Möglichkeit eines angeborenen Grundgefüges* leuchtete sie an, was Umwelteinfluß bewirken und der selbstbestimmende Faktor ändern kann. Es liegt ein methodisch fruchtbarer Verzicht darin, wo es angeht, von *Mechanismen* und nicht von *Anlagen* zu sprechen.[4] Die vielleicht entscheidendste Erkenntnis

Freuds war die Rolle der Kindheitsjahre, zumal der frühesten, angesichts des Verhaltens der Eltern und sonstigen Erzieher. Dies wurde bedeutungsvoll für die Pädagogik. Freud blockierte aber die Ausschöpfung dieses Gedankens durch seine Sexualtheorie und damit, daß er die Befreiung von sozialen Zwängen dem Lustprinzip anheimgab. In seiner ursprünglichen Fassung als Geschlechtslust suggestiv gelehrt, stärkt der verhängnisvolle Libidobegriff die Reduktion des Menschen auf das »Säugetier«. Die zügelnde Vernunft errichtet dann mit der Zivilisation nur lebensbehindernde Zäune. Traumatische Eingriffe in die frühkindliche Seele sind grundwichtig zur Erkenntnis der Folgen, sagen jedoch nichts über das ureigene *Wesen des Menschen gemäß seiner Stellung in der Natur.*

Abgesehen vom Anthropologischen ging auch das charakterologische Anliegen leer aus. Mehrfach wurde versucht, mitgebrachte Anlagen zu überspielen durch eingewöhnte Mechanismen. Beim Freudschen Erklärungsmodell steht einprägsam am Anfang ein Trauma; der Wiederholungszwang bewirkt beschreibbare Verhaltensweisen und durch sie provozierte Ereignisse. Besteht aber Charakter aus solchen manipulierten Eigenschaften zusätzlich dem Schicksal libidinöser Erwartungen? Ist soziale Verantwortlichkeit ein charakterbildendes Motiv, das einer Anlage entspricht, nicht nur ein umfunktionierter Geborgenheitswunsch, der sich in einem mütterlichen »Wir« wohlfühlt, unter »väterlicher Führung« durch die Ideologie einer zufällig gewählten Gruppe? Steckt etwa das Freudsche Über-Ich dahinter? Und rührt »Zivilcourage« immer nur da her, daß der Heranwachsende wagte, dem Vater zu sagen, er sei anderer Meinung? Einwände gegen solche Hinweise auf vitale »Grundverhältnisse« schienen in der Luft zu hängen.

Die Vielfalt der inzwischen eingeschlagenen Richtungen täuscht über eine dennoch vorhandene Gemeinsamkeit. Es ist nicht nur so, daß, wie gespöttelt wurde, für jeden pathologischen Fall eine geeignete Behandlungsweise gesucht werden müßte. Die von C. G. Jung im Vorwort zu Neumanns

Ursprungsgeschichte des Bewußtseins geschilderten Nachteile der Pionierarbeit fallen für die nachfolgende Generation, schon für selbständige Zeitgenossen weg. Die großen Anschnitte der psychologischen Umbruchszeit zweigten sich in mehrere »Schulen« aus. Unser Wissen von psychischen Einzelheiten hat sich vervielfacht, seit einstens Theophrastus seine Charaktertypen verfaßte, aber die *Maßstäbe einer Charakterologie* sind offenes Problem geblieben. Vom Behandlungszimmer her angereichert mit Wissen von seelischen Ausdrucksformen, durchlebten Problemen, auch abwegigen Entwicklungen, ausgestattet mit flexibleren Vorschlägen zur Lösung der Konflikte, vollzog sich eine *humanistische Wendung.* Der Mitmensch ist nicht mehr nur Versuchsperson, Modell und Anwendungsfall einer Lehre, stärker suchte man das »klientenzentrierte Gespräch«. Erachtet man doch seit der Psychoanalyse den Seelenarzt immer mehr als *Anreger einer Selbstheilung des Patienten.* – Nur einige Namen und Einstellungen seien genannt. G. R. Heyer löschte den Trennungsstrich zwischen Körper und Seele, sprach vom »Organismus der Seele« auch bei Organneurosen. Viktor E. Frankls »Logotherapie« setzte neue Akzente, vor allem mit der *Sinnfrage* im Mittelpunkt, für den Selbstbestimmenden Faktor. Das Thema »Haben und Sein« wurde von mehreren Seiten angegangen (Marcel, Staehelin, Fromm). Die »gesunde Gesellschaft«, die »Revolution der Hoffnungen« wurden Buchtitel, die verneinten, daß man den Patienten als »geheilt« zurückschicken dürfe in eine soziale Umgebung, die ihn krank machte. Dringlicher wurde die Frage nach existentiellen *Grundlagen des menschlichen Seins,* nach Stufung und Schichtung ontologischer Bezirke (Philipp Lersch, Nicolai Hartmann u.a.), die am Aufbau des Charakters beteiligt sind. Nach oben hin war das psychoanalytische Über-Ich keine undurchlässige Bleidecke mehr, schon 1910 hatte Assagioli kritisiert, daß dem Unbewußten kein Überbewußtes gegenübergestellt würde; später wies er das Aufzusuchende im *Transpersonalen* nach.

Für die Praxis war eine Hauptfrage, ob der Durchschnitt

des Vorhandenen anzustreben, wünschenswert oder Einmaliges und Werdendes an erste Stelle zu rücken sei. Theoretisch war zu fragen, ob denn überhaupt eine grundlegende Tektonik des individuellen Charakters bestünde. Besinnt sich eine Grundlagenforschung auf Descartes zurück in seinem »Discours de la Méthode«, dann gilt seine für alle Wissenschaften ausgesprochene Forderung, ihren Gegenstand in klar unterscheidbare Elemente zu zerlegen.

3
DIE STELLUNG DES MENSCHEN IN DER NATUR

Alle Versuche charakterologischer Einteilung wähnten aus-
zugehen von einer natürlichen Gliederung. Die Beweiskraft
aber lag allein im Argument. Jedes Aussieben von Charakter-
zügen ging durch den fragwürdigen Filter intellektueller
Urteile über empirische Daten. Nicht die umfangreichste
Sammlung psychischer Befunde, kein statistischer Durchschnitt aus Test-Ergebnissen enthielt einen *Verteilungsschlüssel.* Unter diesen Voraussetzungen würde die Diskussion
über Charakterzüge endlos weiterlaufen, mochte man, der
Kritik begegnend, sich von metaphysischen Postulaten
abgrenzen oder die Gesetze der Mechanik als unzureichend
erklären, als letztgültig weder die Leistungen des Zentralnervensystems noch eine unbewußte Steuerung der Vorgänge
anerkennen. *Bausteine der individuellen Verschiedenheit ent-
zogen sich den gängigen Methoden.*

Hatte man denn aber richtig gefragt? Die gebräuchlichen
Fragestellungen zielten auf Reduktion von Beobachtungsdaten zu Grundbegriffen. Gemäß dem Kantschen Satz: »Die
Erkenntnis hebt bei den Sinnen an, geht von da zum Ver-
stande und endigt bei der Vernunft«, trachtete man Gesetz-
mäßigkeiten im sinnlichen Wahrnehmungsbereich zu ermit-
teln, um aus ihnen mit Hilfe abstrakter Oberbegriffe ein
Weltbild zu konstruieren. Das Konstrukt ist dasjenige, was
Kant später in der *Kritik der Urteilskraft* das *analytisch Allgemeine* nannte und wogegen er den *intellectus archetypus,* der

»von Ganzen zu den Teilen denkt«, hervorhob. Diesen urbildlichen Verstand sah er jedoch nur einem göttlichen Geiste verfügbar. Offen bleibt für uns die Frage, ob nicht doch des Menschen Intuition, verstanden als *außersinnliche Wesensschau*, oder eine andersartige transzendentale Empfänglichkeit uns geistig vom Integral in differentiale Richtung weisen kann?

Die archaische Weltschau bejahte es und suchte das Teil aus *der Welt in toto* zu verstehen. Mensch, Tier, Pflanze, Mineral ließ sie aus Machtworten, Prinzipien des schöpferischen Willens, hervorgehen, mitsamt ihren Einzelzügen als Ganze hineingestellt in das Ganze. Durch die naturwissenschaftliche Analyse sind wir freilich inzwischen skeptisch geworden gegen die Denknaivität unbefangener Behauptungen. Die Koryphäen der vergangenen Wissenschaftsepoche lächelten über solche »vorschnellen Abrundungen«.

In den ersten Jahrzehnten unseres Jahrhunderts wich diese Überlegenheitsgeste einem bescheideneren Blick. Ästhetisch wurden künstlerische Ausdrucksformen von Primitiven, auch Kinderzeichnungen und Bildnereien der Geisteskranken, zum Erlebnis. Geistig ließ man, wenn sich etwas Plausibles fand, eine vorwissenschaftliche Sicht gelten – mit Vorbehalt natürlich – bis zur heute aktuellen »Renaissance der Frühkulturen«, zu schweigen vom modisch aufgezogenen Einbruch östlicher Weisheit. Die Jungsche Lehre vom kollektiven Unbewußten, den Archetypen und der Synchronizität trug dazu bei, dies ernst zu nehmen; er leitete auch das Umdenken über die Alchemie ein. Heute wird überdies die Medizin konfrontiert mit der chinesischen Akupunktur, deren »Meridiane« in der traditionellen Anatomie des Westens nicht unterzubringen sind.

Solche Auffassungsunterschiede und Pendelschläge gehören zum Fluß des menschlichen Geisteslebens, unserer eigentlichen Seinsweise, worin wir uns abheben von derjenigen der unteren Naturreiche. Bei aller uns ansprechenden Schönheit der außermenschlichen Natur ist das Leben von Pflanze und Tier eingebunden in gleichförmig wiederholte

Zweckhandlungen. Was beim Tier die *Instinkte* leisten – als Antwort auf umweltliche Auslöser, auf »Signale« –, sind stereotype Verhaltensformen. Instinkte irren nie, sie können nur unangepaßt sein. Gegenüber dieser arterhaltenden Starrheit scheint des Menschen Weltblick und Handeln unendlicher Wandlung fähig. Unser Geist ist Irrtümern ausgesetzt. Aber dies ist unser Vorzug: wir können irren und aus Irrtümern lernen. Genau betrachtet sind es Pendelschläge um die Linie unserer Weiterentwicklung; deren in wechselnder Form angepeiltes Ziel, die Endgestalt des Menschen, zeigt sich nur in der Konstitution beschränkt. Sie grenzt die Mannigfaltigkeit menschlicher Reaktionen ein – auf jeder Entwicklungshöhe anders, aber prinzipiell doch gleichgerichtet –, zusammenfaßbar als *Abwandlungen archetypischer Antworten auf das Außen,* das heißt die uns begegnende Welt. Wir alle begegnen Situationen von Wichtigkeit für Existenz und Wesen des Menschen – Anruf des Geschlechts, Mutterschaft, Kampf ums Dasein, Solidarität mit als gleichartig Empfundenen, Fürsorge und Hilfeleistung –, mit Handlungen, die nach *eingeborenen Urmustern* verlaufen. Handeln wir anders, so ist die menschliche Konstitution gestört, das Grundgefüge krank. Die Durchführung ist nicht gleichförmig starr wie eine Instinktform, sondern von Grund aus variabel. Sie wandelt sich ab gemäß Vergegenwärtigung der Lage, der Mittel, der Selbsteinschätzung, immer jedoch unbewußt gesteuert durch den Rückzug zu den »Müttern«, den seelischen Matrizen, welche ehedem mythologische Schauplätze, Gestalten und Handlungen ausstatteten.

Spricht man in der Biologie hinsichtlich tierischer Instinkte von »Mechanismen, ausgelöst und abgewickelt nach einem eingeborenen Schema«, so sind die genannten menschlichen »Urmuster« keineswegs damit zu verwechseln. Der uns belassene freie Spielraum ist etwas anderes als die »Plastizität« bei Instinkten. Dies eben gehört zur menschlichen Verfassung.

Als Werdender umfaßt der Mensch ein »mehr an Welt« als existentiell schon verfügbar ist, eine noch unentdeckte Welt, für welche er jedoch offene Anlagen mitbringt und die zum Inhalt seines Denkens wird. Darum sind die zum Menschsein gehörigen Urmuster reicher abwandelbar als Instinkte und nicht nur auf Erhaltung des Bestehenden angelegt. Sie sind auch etwas anderes als aufgestockte Verhaltensmuster des gesellschaftlichen Umgangs. »Eingeboren« besagt dabei, daß der Mensch beim Antritt seines Daseins *prinzipielle Bezugsformen zu wesensnotwendigen Dingen,* einschließlich Vorstellungen und Handlungsweisen, schon innehat. Auch Instinkte sind solche Bezugsformen. Doch das Netz derartiger Bezüge ist beim Menschen weitmaschiger als beim Tier, sein Spielraum der Selbstverwirklichung größer, und er hat nicht nur *effektiv,* sondern *potentiell* mehr Welt. Auch die zwischenmenschliche Verwirklichung erfolgt nicht einförmig, bei allen auf gleiche Weise, sondern nach den besagten Urmustern teilen wir uns bestimmte Rollen zu: der Mitmensch ist Geschlechtspartner, Freund, Feind, Ernährer, Beschützer, Leitbild, Erzieher usw. Demgemäß kann der Fremdreiz in der Begegnung schon Signalcharakter haben, wie wenn beim Tier Instinkte angesprochen werden, nur können wir hier umstecken, die Reaktion ist weniger eng vorgeschrieben, ist *seelisch modifizierbar.*

Mit dem anthropologischen Verständnis hängt zusammen, welchen Platz in der Natur man dem Menschen einräumt. Das Verhalten gemäß angeborenen Urmustern kann nur auf *Ordnungskonstanten unabhängig vom Bewußtsein* beruhen, auf Faktoren, die unser Handeln bestimmen, ob wir sie in Rechnung ziehen oder nicht, unserer Wahl jedoch einen gewissen Spielraum lassen. Beurteilen wir den Menschen nur als höchstentwickeltes Säugetier, so kann, was unter dem besagten Blickpunkt als *Vorzug* gilt – Weltoffenheit, Unfertigsein, Plastizität der mitgegebenen Instinkte –, als *Mangel* ausgelegt werden. Markante humane Eigenheiten wären dann nicht anzugeben. Man sähe nur Übergänge, etwa geistig eine Entwickeltheit des theoretischen Verstandes, hinzukommend zum praktischen Verstand, den wir bereits im Tierreich finden. Auf dieser Grundlage erklärt auch die Psychoanalyse, die ja mit dem Libidobegriff eine eigentlich animalische Triebkraft voranstellt, theoretische Haltungen und charakterliche Züge als *Erwerbungen aus der libidinös angetriebenen Individualgeschichte.* In dieser historizistisch eingestellten Anschauung ist alles kontinuierlich, und Tatsachen sind schlechthin *geworden,* nur als Ergebnisse von Prozessen untersuchungswürdig. Der Kausalismus dieser Denkweise betrachtet den Charakter *lebensgeschichtlich,* für ihn gibt es keine an sich bestehende *Ordnung und Stufung.*

Nehmen wir hingegen eine von Geburt mitbekommene Charakterstruktur an, ist sogar ein *bleibendes Gefüge von Kräften, Verhaltensweisen und Interessen* nachweisbar, so ändert dies unsere Ansicht von der Stellung des Menschen in der Natur. Dann darf gesagt werden, daß die Menschheit sich abhebt von den unteren Naturreichen als ein *Lebensverbundensein, das in selbständigen Individuen sich partiell einkörpert.* Eine tierische Art können wir noch als Summe von Einzelwesen betrachten, die sich als Horde zu gemeinsamem Handeln zusammenschließen. Das menschliche Lebensverbundensein ungleicher Wesen dagegen suggeriert sozusagen einen vielzelligen Organismus, dessen Zellen verstreut und gesondert leben und dennoch ein Band der Zusammengehörigkeit spüren, über dessen Aufgreifen sie aber frei verfügen. So gesehen stellt die Menschheit ein *eigenes Reich* dar, sich anders verhaltend und zum Welthintergrund in anderer Position als Pflanze und Tier.

Ändert sich die Anschauung vom Menschen, so ändert sich auch die Stellungnahme zu früheren Weltbildern. Unsere Gegenwart, welche der Urväter Hausrat, oft nebensächliche Dinge, so wichtig nimmt, um sich Wohn- und Lebensweise in früheren Jahrtausenden vorzustellen, sollte wenigstens die Hauptlinien der archaischen Geisteshaltung gründlicher zur Kenntnis nehmen als im trüben Licht inzwischen überwundener Irrtümer. *Sollen und Sein* faßt der archaische Geist in eine *beschränkte Anzahl von Grundbegriffen.* Die Gewissensentscheidungen und Lebenserfahrungen ordnen sich streng nach einfachen Maßstäben, merkbar in

46

Zahlenform. Als vorrangig in den Weltbildern galt von alters her die *Ordnungszahl,* wie noch im »logos« des Johannesevangeliums, wo »en arché« keinen zeitlichen Anfang, sondern die *Erstrangigkeit des akausalen Urgrundes* meint. Gestalt war Sichtbarmachung kosmischer Zahlen, ausgeformt in einem Material. Späteren Relativismen des Verhaltens und mildernden Umständen noch fern, richtete man sich nach der *Absolutheit prinzipieller Setzungen und Satzungen,* was besagt: das intuitiv Gesetzte war zugleich unübertretbare Satzung.

Diese »Mathematisierung« war im Grunde nichts anderes, als was heute in der Mikrophysik, der Erfassung des materiellen Raum-Zeit-Kontinuums im kleinen, nach einem Zusammenhalt irrationaler Bewegtheit in rationalen Konstanten sucht. Die ehedem intuitiv gesetzten Zahlenordnungen boten einen Halt gegen die Unberechenbarkeit des Lebensstromes. Doch statt vorschnell auf Übereinstimmungen zu achten, befassen wir uns mit der kosmischen Einordnung des Menschen.

Wir sind beim Ursprung des astrologischen Gedankens. Indem sich der Frühmensch im Gang der Jahreszeiten, im Wechsel von Tag und Nacht kosmischen Gewalten ausgeliefert sah, entdeckte er eine übergreifende Gesetzmäßigkeit. Vorwissenschaftlicher Denkweise ging es nicht um registrierte Daten eines Systems unabhängig von der Erfahrungsquelle. Die Himmelsbeobachtung unterschied Wandelsterne vor festbleibendem Stern-Hintergrund. Man sah etwa den Mars im Wettlauf mit der Sonne zuweilen den Gang anhalten, nach scharfer Wendung zurück und dann wiederholt umkehrend erneut vorwärts laufen, der Sonne gegenüber jedesmal in rötlichem Glanze aufleuchtend. Bei der Geburt streitbarer Menschen fand man denselben Planeten in bevorzugter Stellung. Analog derartigen Beobachtungen, dem anschwellenden Rotlicht und dem fintenartigen Hin und Her am Himmel, vermutete man in Mars den Sitz des kämpferischen Prinzips, mythologisch gestaltet im Kriegsgott. Andere Planeten weckten andere Vorstellungen und regten zu anderen mythologischen Gestalten an. *Im Ursprung bedient sich die Definition der Bildersprache.*

Zuerst auf ein kollektives Ganzes bzw. dessen Vertreter bezogen, wurde die daraus entwickelte Sterndeutung später der individualistischen Strömung gefügig. Man sah die Schicksalsgestalt des einzelnen, deutete orakelhaft seine Erwartungen, trug Menschlich-Allzumenschliches in den Himmel hinein. Das anfängliche Analogiedenken – »wie oben so unten« hieß der klassische Spruch – wich mit wachsendem Kausalismus dem Glauben an Gestirnwirkungen. Die eine solche Astrologie ablehnende Naturwissenschaft hielt phantasielos keine andere Beziehung zwischen Mensch und Gestirn für denkmöglich. – Sollte aber hierin etwa der *Verteilungsschlüssel individueller Anlagen,* den wir suchen, eine Verknüpfung der archetypischen Urmuster verborgen sein? Dies setzt einen *realen Bezug* menschlicher Zeugungen und Geburten zu Gestirnfiguren, zu Konstellationen, voraus.

Für die Tragfähigkeit eines Gedankens ist es gleichgültig, welche Vorstellungen sich früher mit der Sachlage verbanden. Die in jedem individuellen Fall herstellbare Analogie begründet und erklärt nichts. Doch sie zwingt unsere Aufmerksamkeit, fordert uns auf zu beachten, daß hier ein *Experiment der Natur* verschlüsselt sein könnte. Die Gestirne brauchen wir nicht als Wirkungs-Aussender zu betrachten, sie können für das Leben die Bedeutung von *Ordnungskonstanten* haben, so daß darauf ausgerichtete Lebenseinheiten in Verbindung mit dem größeren Ganzen gebracht werden.

Als größeres Ganzes betrachten wir in diesem Zusammenhang das Sonnensystem, dessen Glied die Erde ist. Die Wechselseitigkeit der Bewegungen in diesem Rotationssystem in ihrem geozentrischen Bezug bildet das *Gesetz des Erdschauplatzes* für das Leben auf der Erdrinde. Diese Dynamik könnte für den besagten Verteilungsschlüssel in Betracht kommen, *wenn die menschlichen Gattungsinstinkte in Einklang mit den Erbgesetzen darauf eingestellt sind.* Dann könnte vielleicht Nietzsches Wort vom Menschen als Sinn der Erde einen realen Untergrund haben.

Wenn wir eine solche Annahme machen, dann stützt sich die Berechtigung nicht auf astrologische Regeln, sondern auf Lebensbeobachtungen. Leben verläuft in Rhythmen, in ungeheurer Mannigfaltigkeit solcher zeitlichen Sukzessivformen. Der Rhythmus gleicht einen Wechsel von Beschleunigung und Verlangsamung im Durchschnitt aus. Als steuernde Tatsachen können die periodischen Schwankungen von Lichtzufuhr, Temperatur, Feuchtigkeit usw. angeführt werden, wenn wir bioklimatisch denken, bei Meerestieren kommen die Gezeiten in Betracht. Richtiger gesagt ist damit nicht das Steuernde benannt, nur die Durchführung des *Ordnungshaften*. Die auslösenden Faktoren wurden abstrakt zusammengenommen. Man entdeckte Zusammenhänge lebender Vorgänge mit Klimaperioden, Sonnenfleckenbildung und dieser wiederum mit planetaren Umläufen. All die kosmisch bezogenen Rhythmen, die z.B. Michel Gauquelin vor seiner Kehrtwendung zur Astrologie als *Einwand* gegen sie brachte (vgl. »Die Uhren des Kosmos gehen anders«), können bei unserer Annahme als *Bestätigung* gelten. Besonders gut untersucht ist die Tagesperiodizität. Diese biologische Antwort im Gefolge der Erdumdrehung soll nach Adolf Portmann »nicht nur höheren Pflanzen und Tieren zukommen, sondern bereits den einzelligen Lebewesen«. Eine weitere Aufzählung verbietet der Platzmangel, ich verweise auf meine andernorts angeführten Beispiele.[5]

Aus Ungenügen an der Analogie »wie oben so unten« wurden natürlich viele Erklärungen versucht. Zur Rehabilitierung einer vergessenen: die Untersuchungen von G. Lakhovsky fanden, nachdem das Elektronenmikroskop gebaut war, in den sechziger Jahren ein besseres Verständnis seiner Theorie der Zellenoszillation, wonach die Schwingungskurve lebender Zellen auch empfänglich ist für elektromagnetische Wellen, die von den Sternen ausgesandt werden. Was aber auf diese Weise absorbiert wird, kann reflektorisch nur gemäß der Lebensordnung des betreffenden Wesens, seiner Beschaffenheit und Entwicklungshöhe, sich äußern. Dies letztere ist bei allen Erklärungsweisen der Punkt, wo das

Lebensverständnis abweicht von den »ein-für-allemal«-Regeln der alten Astrologie. Zum Thema organischer Bedingtheit einer Tagesperiodizität wäre der Beitrag der neueren Pharmakologie zu nennen, der Nachweis, daß ein Medikament verschieden wirkt, je nach der Stunde, zu der es eingenommen wird.

Die damit schon berührten *organischen Einstellungsformen* zeigen also etwas anderes als gleichförmige Reaktionen. Besonders bei niederen Meerestieren wurde eine große Anzahl von lebenswichtigen Vorgängen, der Ernährung und vor allem der Fortpflanzung, eingepaßt in astronomisch exakt berechenbare Zeitpunkte, festgestellt. Wie schon an Zugvögeln erfahrbar, können empirische Untersuchungen günstigenfalls *stoffliche Auslöser der Vorgänge* nachweisen, nicht aber das *Vorhandensein der »inneren Uhren«*, wie man diese Einordnungen nannte, *erklären*. Rätselhaft ist die immer damit verbundene geographische Orientierung, bei Seelöwen außerdem die zeitliche Abschätzung verschieden langer Strecken zu den Pribilofinseln, ihrem Paarungsplatz. Auf kosmische Einordnung verweist am deutlichsten die Auslösung von Befruchtungsakten analog dem *Dreikörperverhältnis von Sonne-Erde-Mond* (Palolowurm, Seeigel). Eine »Mondbezüglichkeit« im Bereich der Fortpflanzung sah man auch beim Menschen in der weiblichen Menstruation; um Nachweise bemühten sich die Massenuntersuchungen von Arrhenius, Bühler, Jenny, Gutmann usw.

In Betracht zu ziehen ist, daß die menschlichen Zeugungen und Geburten über das ganze Jahr verteilt sind, im Tierreich hingegen bei den genannten Einpassungen eine Gleichzeitigkeit von Befruchtungsakten der ganzen Art zu finden ist. Da die menschliche Befruchtungsmöglichkeit eingebunden ist in den Menstruationszyklus der Frau – auch die Dauer der Schwangerschaft rechnet nach Mondmonaten –, wäre eine Mondbezüglichkeit der geforderte Realbezug. Sein Zustandekommen sowie die individuelle Abweichung von der Norm sind Gegenstand genauerer Untersuchungen, für den Massennachweis genügt der Wahrscheinlichkeitskoeffizient. Die komplizierteren Nachweise für die einzelnen planetaren Umlaufrhythmen stehen noch aus. Das Bisherige ermuntert aber zum Vergleich von Charakterstrukturen mit der jeweiligen Geburtskonstellation. Schon Kepler wies dabei auf die unwahrscheinlich häufige Wiederkehr bestimmter Komponenten bei erbverbundenen Menschen hin.

Die Grundlage bildet ein direkter oder mittelbarer ständiger Kontakt unserer Physis mit den Körpern des Sonnensystems, naturgesetzlich, ohne Differenzierung der vitalen Bedeutungen. Zu deren Erklärung und in Einklang mit dem, was über die Stellung des Menschen in der Natur und die Menschheit als Organismus gesagt wurde, dient folgende Hypothese. Sie enthält eine Revision des astrologischen Gedankens.

Wir haben es mit einer Einstellung der Gattungsinstinkte auf das Gesetz des Erdschauplatzes zu tun. Bei Tieren geht es um die Reproduktion des Arttypus, beim Menschen um Herstellung eines eigenstrukturierten, im Erbzusammenhang befindlichen Einzelwesens. Während dort eine Gleichzeitigkeit der Befruchtungsakte angebracht ist und statthat, sind hier individuell ausgelesene Zeitpunkte der Befruchtung erforderlich. Die Erb*logik* verlangt beim Menschen eine Auslese der Konzeptionszeiten, derjenigen, die einer der Erb*struktur* entsprechenden Geburtskonstellation vorangehen, wenn die Planeten als Ordnungskonstanten für den strukturellen Rang bestimmter Grundlagen einsetzen. Letzteres wird hier angenommen, der embryonale Werdegang zwischen Empfängnis und Geburt wickelt sich dann dementsprechend periodisch ab.

Den Nachweis erbringt das Meßbild der Konstellation, in welchem die Rhythmik des Sonnensystems sozusagen im betreffenden Zeitpunkt angehalten ist. Die so gemessene Struktur ist dann kein Produkt von Gestirnwirkungen, sondern die Gestirne sind nur Merkzeichen für den Deutenden, Richtepunkte zur Übermittlung innerer Faktoren, der proportionalen Stellung individueller Wesenskomponenten. Auf diese Weise zeigen sich allgemeinmenschliche Elemente – als die wir auch die genannten archetypischen Vorstellungs- und Verhaltensmuster verstehen können – in wechselndem Verteilungsmodus dem individuellen Charakter eingebaut.

Charakter ist nach dieser Hypothese ein bestimmter *Zusammenbau allgemeinmenschlicher Elemente,* Anlagen, nicht fertiggeprägter Eigenschaften. In sie geht die spezifische Erbvergangenheit ein, das so determinierte Wesen unterliegt sodann begünstigenden oder hemmenden, konzentrierenden oder auflösenden Einflüssen aus der Umwelt. Den letzten Ausschlag gibt aber hierin das Undeterminierte, der selbstbestimmende Faktor. Aus der Biologie sind uns die Ausdrücke *Genotypus* und *Phänotypus* bekannt, Erbbild und Erscheinungsbild. Zwischen sie schiebt sich nach unserer Hypothese der im astrologischen Meßbild erfaßbare *Kosmotypus,* das Ordnungsbild. Dies ist sozusagen der Umformer, der einerseits die Erbsubstanz fähig macht und zurechtrückt, in die Umwelt hineinzuwirken, anderseits ein Filter gegen den Andrang oft verwirrender Umwelteindrücke ist, der nur das Wesensgemäße durchläßt und Wesenswidriges abweist. Eben damit ist uns ein Spielraum freier Entscheidungen gegeben, um an Zwangsläufigkeiten der Charakterstruktur ändernd heranzugehen.

Für den Weitergang der Fragen steht im Mittelpunkt: was ist der Inhalt der Ordnungskonstanten, die als letzte Abstraktion der für das Leben bedeutsamen Dinge und Vorgänge verstehbar sind? Im Lebensfluß finden wir freilich nie ein Abstraktum vor, es gilt, das *Prinzip* einer großen Anzahl *konkreter Dinge und Vorgänge,* die ihm als einer Ordnungskonstante gemäß *entsprechen,* aufzusuchen. Wir leben in solchen Entsprechungen, es geht aber um die Prinzipien. Wenn die Theorie eine Schärfe *abstrakten Auseinanderhaltens* der verschiedenen Prinzipien, die für ein Lebensganzes grundnotwendig sind, verlangt, so beeinträchtigt dies nicht das *konkrete Ineinanderfließen* von Entsprechungen, wie es der Praktiker vielleicht antreffen wird.

Sind es aber Wirklichkeiten von gesamtorganischer Bedeutung, kann dann die Lebensforschung ganz daran vorbeigegangen sein? Da hierin die Blickweise ausschlaggebend ist für die Methode, Experimente anzulegen, wird man einen Niederschlag allerdings mehr am Rand bisheriger Forschungsabsichten erwarten dürfen. Eine der Kernfragen auch für die traditionelle Biologie lautet: wodurch werden Ort und Funktion der Plasmateilchen bestimmt?

Als Hans Driesch nach dem Durchschnüren eines befruchteten Seeigel-Eies dieses sich entwickeln ließ, war nach der mechanistischen Theorie die Herausbildung zweier halber Seeigel vorauszusehen, denn zufolge dieser Theorie sollte räumlich determiniert festliegen, was sich ausformt. Statt dessen bildeten sich zwei *ganze* Seeigel. Dasselbe Experiment gelang bei Molchen, stets aber nur im Anfangsstadium der Keimentwicklung, bis zur Gastrula. Auf Grund dieses Experimentes sprach Driesch von *Ganzheitskräften.*

Die institutionierte Biologie rang zu dieser Zeit um Selbständigkeit gegenüber Physik und Chemie. Wenn Drieschs Entdeckung von so geringem Nachhall für die Anschauung vom Leben schien, dann vielleicht großenteils deshalb, weil er die Entdeckung in den Parteienstreit der biologischen Anschauungen hineinzog. Er verwendete sie etwas einseitig als Argument zur Begründung der *entelechialen Gestaltbildung,* gemäß seiner vitalistischen Auffassung.[6] Für den Mechanisten sagte das Experiment wenig über neue *Vollzugskräfte,* und wie immer stellte er die Frage, wie eine die Wirklichkeit vorwegnehmende Gestaltidee auf die Materie einwirken könne. Er wußte, in jeder Zelle ist das genetische Material für den ganzen Organismus vorhanden, und sein Kausalverstand sah eine Verwirrung der Begriffe, wenn man die Ursachen dort sucht, wo das Ergebnis, die Folge von Ursachen, hindeutet. Solche »Endursachen« und darum die Entelechie, einen vorgesetzten Bauplan, mußte er verwerfen. Fragwürdig für ihn war nur der *verschobene Zeitpunkt* der Determination. *Nachdem* dieser Zeitpunkt erreicht war, brachten Durchschnürungsexperimente halbe und Viertelorganismen hervor. Doch darin lag das Entscheidende der Entdeckung, daß am *Anfang* der Keimentwicklung, *bevor* die mechanischen Vollzugskräfte die Oberhand bekamen, ein *ganzheitliches Zusammenwirken von platzanweisenden Kräften des Gestaltbaues* statthaben kann. Ist dies tatsächlich so, dann müssen Kräfte anderer Art als diejenigen bloßer mechanischer Arbeitsleistung am Werk sein.

Eine merkwürdige Selbstdrosselung durch den Intellekt läßt uns, eingespannt in die mechanistische Betrachtungsweise, die unter Newton noch ein zusammenhängendes Weltbild versprach, vorbeisehen am Reichtum phantasiebewegender und zugleich zweckmäßiger Formen, welche die organische Natur hervorbringt. Das Erstaunen des *schauenden* Menschen wird verdrängt von Grenzziehungen des *denkenden* Menschen, dessen begriffsabhängige Rationalität sich an der materiellen Herstellung der Lebenskörper genügt. Doch die physikalischen und chemischen Gesetze der Energie – definiert als Fähigkeit, Arbeit zu leisten –, die Auflösung des weltumspannenden Geschehens in mechanische Prozesse lassen das Problem des *Gestaltbaues der Organismen* im morphologisch Entscheidenden offen: Bestimmung von Ort und Funktion der Plasmateilchen mit Einbezug aller durch die Umwelt möglichen Veränderungen der Gleichgewichtslage. Bei allen Hervorbringungen der organischen Natur geht es um die Lebensgestalt als selbstregulierend laufendes Getriebe eines umweltbezogenen Ganzen. Die raumzeitliche Gestaltung eines solchen Ganzen wäre undenkbar ohne *formbildende* Kräfte, denen die Steuerung der mechanisch ausführenden Kräfte obliegt.

Aufschlußreich wird uns da das Vorgehen von Raul H. Francé, bekannt als Botaniker. Er arbeitete allgemeine Prinzipien heraus, die er als Kapitelüberschriften seines Hauptwerkes »Dios, die Gesetze der Welt« (Hanfstaengl, München; gekürzte Ausgabe Alfred Kröner Verlag, Stuttgart) wählte: *Funktion, Entität, Integration, Selektion, Optimum, Harmonie, Ökonomie* (kleinstes Kraftmaß). Die sonstige Stellung von Francé in der Forschung steht hier nicht zur Diskussion. Wichtig ist uns nur, daß er Stichworte fand für Prinzipien, ohne die organisches Geschehen nicht statthaben kann und die im aufeinander abgestimmten Zusammenwirken begriffen sein wollen. In ihnen hebt sich das organische Sein, und zwar jeder einzelne Organismus, ab von physikalischen und chemischen Vorgängen, bei denen auch die farblose »Funktion« etwas anderes ist, nämlich als Lebensfunktion. Während man sonst bei Lebensäußerungen gewöhnlich zuerst an Wachstum, Assimilation, Fortpflanzung usw. denkt, ging es Francé um deren Grundvoraussetzungen, um *denknotwendige Prinzipien dessen, was unerläßlich zum Aufbau, zur Erhaltung und zur Verwirklichung eines organischen Ganzen gehört.*

Solche Setzungen des Geistes scheinen uns zunächst abstrakte Einteilungen zu sein. Denken wir uns aber hinter diesen Prinzipien analoge *Kräfte,* so erweisen sie sich als richtige Gliederung von *Kategorien des Organischen,* deren Zusammenwirken als *Bewirker der Lebensgestalt* auftritt.

Francé sprach es nicht in dieser Weise aus. Für ihn waren es Gedanken, die seinen Erfahrungen eine *ideelle Einheit als Gesetze der Gestaltung und Umgestaltung* gaben. Von gestaltenden Kräften kann erst dann gesprochen werden, wenn jedes Prinzip einzeln und klar unterscheidbar in der Auslösung entsprechender Wirkungen nachgewiesen werden kann. – Eine Vorwegnahme dieser Konsequenz in Form einer Aufgabenteilung bringt Francé im Beispiel der Siphonophore oder Staatsqualle (Kapitel »Das Harmoniegesetz«). Dieser Meeresbewohner ist eine Vereinigung mehrerer Einzeltiere, deren jedes zugunsten des Lebensverbandes einer einzigen Aufgabe dient, neben dieser Aufgabenerfüllung die übrigen zum selbständigen Leben erforderlichen Prinzipien in der Ausbildung zurückgestellt hat. Dies ist nicht etwa nachträglich als Folge der Vereinigung zu denken in der Weise, daß schon ganzheitlich voll ausgebildete Tiere sich unter Verzicht auf ihr Selbständigsein zusammenschlössen, sondern sie wachsen, in Hinsicht auf ihre Aufgabe im größeren Ganzen, schon reduziert heran. Bevorzugt ausgebildet sind die für ihre Aufgabe benötigten Organe.

Die so zusammengeschlossenen Einzeltiere unterscheiden sich in Gestalt und Aufgabe:

1 Ein *zentrales Individuum*, das in Gestalt einer Blase bzw. als luftgefüllte Kammer, oben am Zentralstamm des Ganzen sitzend, die Aufgerichtetheit und Schwimmfähigkeit regelt.

2 *Tast- und Fühltiere* mit Wahrnehmungsorganen, denen die Orientierung der ganzen Kolonie obliegt.

3 Schwimmglockenartige *Bewegungstiere* (Haeckel spricht von »Lokomotiven«), welche durch Rückstoß des Meerwassers die Ortsbewegung vollbringen.

4 Freßpolypen bzw. *Verdauungstiere*, welche die Nahrung für das Gesamtwesen aufnehmen und verarbeiten, so daß die übrigen Tiere einen zubereiteten Nährsaft bekommen.

5 *Geschlechtstiere*, teilweise traubenartig angeordnet, worunter sich mehr längliche männliche und mehr runde weibliche Bildungen (kugelige »Gemmen« mit je einem Ei) unterscheiden, sie sorgen für die Fortpflanzung.

6 *Kampftiere*, deren Fangfäden mit Nesselköpfen, giftige Pfeile enthaltend, sich bei manchen Arten netzgleich weit ausbreiten und feindliche Tiere angreifen.

7 Schildförmige *Deck- oder Schutztiere*, nur für passiven Schutz des Ganzen gebaut.

Die verschiedenen Tiere vereinigen sich in der Bedeutung ihrer Tätigkeit zu einem Gesamtwesen, der *arteigenen und zustandsangepaßten Verkörperung eines Gesamtwesens.* Es gibt verschiedene Arten, unterschieden in der Anordnung der Einzeltiere und somit der Gestalt des Lebensverbandes.

Man kann eine solche Tiergemeinschaft ebensowohl mechanistisch wie vitalistisch deuten, wenn man sich auf eine dieser beiden Erklärungsweisen festlegen will. Die naturwissenschaftliche Erklärungsweise ist hierin gespalten. Wichtig für den natur*philosophischen* Blickpunkt ist aber die *Ordnung der zugeteilten Aufgaben,* sie erfüllt die Forderungen der von Francé aufgestellten Siebenheit. Dies führt zur Lösung des astrologischen Problems. Bei menschlichen Individuen finden wir jedes dieser biologischen Grundprinzipien, der Verteilung nach, analog dem Stand eines bestimmten Planeten vor (auch Sonne und Mond sind geozentrisch gesehen »Wandelsterne«). Hinter den Prinzipien nahmen wir hypothetisch gestaltende Kräfte an, Bildekräfte der Lebensgestalt, die Aufgabe, Ort und Funktion der Teile im Ganzen bestimmen. Ermittelt nun die vergleichende Beobachtung bei Menschen an Hand ihrer Geburtskonstellation unterscheidbare Anlagen, deren jede inhaltlich mit je einem Prinzip der Siebenheit übereinstimmt, so dürfen wir in dieser Siebenheit die *Kräfte der Individualisierung* vermuten. Das Experiment der Natur zur Schaffung des Menschenreiches besteht dann darin, daß die kosmische Einstellung der Gattungsinstinkte – schon im Tierreiche beobachtbar – sich auf die *Erzeugung von Einzelwesen individuell verschiedener Art* verlagert. Kausal gesehen kann eine Konzeption demnach nur dann stattfinden, wenn die periodisch verlaufende Keimentwicklung hinsteuert auf eine *Geburtskonstellation, die erbmäßig vorausbestimmte Ordnungskonstanten enthält.*

Da die überlieferten Regeln der Horoskopie sich hauptsächlich auf definitive Charaktereigenschaften und Schicksalswendungen beziehen, ist es klar, daß eine Deutung danach oft danebengriff und wissenschaftlich nicht ernst genommen wurde. Schuld war nicht nur die Absurdität der gedachten »Gestirneinflüsse«, sondern die Rechtfertigung des astrologischen Gedankens setzt *unterhalb* der seelischen, in der *organischen* Seinsschicht an. Intuitiv fand der naturphilosophische Einstieg von Paracelsus und Kepler gerade von hier aus einen Zugang; die alte Signaturenlehre, die auf Anzeichen in der Gestalt aller Organismen achtete, ist ohne weiteres nicht von der Hand zu weisen. Auch das Zurückgehen der Psychoanalyse auf *Primärerfahrungen des Kleinkindes,* vor Ausbildung des verbal bestimmten Intellekts, bekommt hier eine Berechtigung, obzwar erst die weiterentwickelte Tiefenpsychologie das Augenmerk auf die *lebensschöpferische Bedeutung des Unbewußten* in seiner größeren Nähe zum organischen Urgrund lenkte.

Verstehen wir »Leben« in diesem Bezug der Entstehung von Lebensgestalten, darf das Wort »schöpferisch« wieder im Naturzusammenhang gebraucht werden. Dies aber rührt an eine Umgestaltung des strapazierten Wissenschaftsbegriffs.

Hier sei zurückgeblickt auf die Forderungen von Descartes zu Beginn unserer modernen Wissenschaftsgeschichte. Er verlangte genau und klar definierte Elemente. Daraus verstehen wir seine Scheidung in *res extensa* und *res cogitans* (vgl. S. 31), indem er »Stoff« gegen »Denken« setzte. Als einzige klar beschreib- und definierbare Eigenschaft in den Erscheinungen, darum eigentlichen Sinnes wissenschaftsfähig, galt ihm die körperlich-räumliche Ausgedehntheit des Stoffs, Wägen und Messen von Körpern gründete dann die Naturwissenschaft, »exakt« gegenüber Geistigem und Seelischem. Für dieses erlangt man einen gleichen Grad von Wissenschaftlichkeit nur da, wo das Argument auf Stoffliches bezogen werden kann. Solcherart nun sind in der Organismenwelt nur die rhythmischen Vorgänge in Zusammenhang mit Gestirnstellungen; Erklärungen dieses Zusammenhangs und gestaltbildende Kräfte beruhen nach dieser Auffassung auf unbewiesenen Annahmen.

An allem, worin der Organismus *mehr* als ein ausgedehnter Körper und eine Summe materieller Teile ist, muß diese Auffassung der Natur vorbeigreifen. Für sie gelten als wissenschaftlich genau lediglich materielle Gesetze und kausalmechanische Zwangsläufigkeit. Da hiermit das *Zustandekommen* der Lebensgestalt nur in *materieller und mechanischer Form* erklärt werden kann, wird die Gestalt an sich dem *Zufall* überlassen, um nicht einen ideellen Entwurf annehmen zu müssen.[7] Die vitalistische Gegenanschauung schlägt sich gegen diese Konsequenz auf die Seite der *res cogitans*, nimmt als *fertig Vorgeplantes* eine Entelechie an, sieht also die Lebensgestalt als *unzufällig* so beschaffen, wie sie ist. Diese Anschauung kommt aber schwer vom alten Gedanken einer auf ein vorbedachtes Endziel hinsteuernden »Lebenskraft« los und steht für die »Exakten« im Geruch der Unwissenschaftlichkeit.

Fragwürdig ist beides am *selbstregulierend laufenden Getriebe eines umweltbezogenen Ganzen*. Die Entstehung eines solchen Organismus begreifen wir hier nicht allein aus dem Einzeldasein, auch nicht aus dem analytisch Allgemeinen einer Denkweise, die Organisches auf Mechanismen in räumlich ausgedehnten Körpern reduziert, sehen vielmehr das Einzelorganische hervorgehen aus einem *schöpferischen Lebenskontinuum*. Das Prädikat des Schöpferischen schließt die Aufgliederung in jene von Francé formulierte Siebenheit ein: *gestaltbildende Kräfte mit der Fähigkeit zur Improvisation neuer Formen*.

4
Die Wesenskräfte

Der Begriff organischer Bildekräfte stellt uns an Anfänge, an den elternlosen Ursprung der Lebensgestalt. Wir treten aus dem Quantitativen und Mechanischen, aus der maschinellen Betrachtung von bereits Geschaffenem heraus und erwarten Aufschluß über die Qualität dessen, wofür Newton den »ersten Anstoß« setzte. Es ist aber nicht identisch mit »ersten Anfängen des Lebens«, einer »Urzeugung« in diesem Sinne. Leben wird hier vielmehr immerwährend vor sich gehend gedacht, gleich in welcher Gestalt. Dies kann natürlich bezweifelt werden. Mit welchem Recht aber verneint? Da die Erde nicht ewig existierte und bewohnbar war, müssen die später aufgetretenen Organismen freilich einen Ursprung haben, einen zeitlichen Anfang. Dieser geschichtliche Aspekt sagt jedoch nicht, daß »Leben an sich« entstanden sein muß und nur in einer unseren Organismen ähnlichen Form gedacht werden kann. Wäre dies der Fall, dann müßten auch die eigentlichen Lebenspotenzen kausal und mechanisch erfaßbar sein. Jedoch selbst in der Fortbildung von erbdispositionell Festgelegtem meinen wir analog Drieschs Ganzheitskräften etwas Uranfängliches, wirksam, bevor die kausale Folgerichtigkeit der Durchführung einsetzt.

Es hieße also, in dem, was als Lebenspotenz gilt, vor der sichtbaren Wirkung ein Vorausgehen prinzipieller Entscheide, sagen wir schlicht »das Schöpferische«, anzunehmen. Bildekräfte dieser Art sind nichts der mechanischen

Energie Vergleichbares, sondern bezeichnen eine darauf bezogene *improvisatorische, ganzheitliche Steuerung.* Dies ist etwas, was Einzelursachen und ihre Folgewirkungen nie vermitteln können, ein Ineinanderspielen des einen in das andere im Ergriffensein von einer zentralen Einheit. Auch manche Vitalisten (vgl. Reinke, »Die Welt der Tat«) suchten hierin das Lebenseigentümliche, banden es nur zu eng an eine vorausbestimmende Entelechie, bei welcher das Ergebnis vorgeplant ist, trennten sozusagen den Dirigenten vom Orchester. Demgegenüber sehen wir *spontanen Vollzug* aus einem gegebenenfalls *neue Formen hervortreibenden Drang.* »Steuerung« ist eins mit improvisierter Bewältigung oder Nichtbewältigung eines *Themas,* wie es der Erdschauplatz vorgibt. Das »*telos*« steckt im Thema; am Anfang steht nicht das Fertige, Vollkommene des Modells in einem planenden Geist, sondern eine virtuelle Fähigkeit des Lebens, die sich heranwagt und der es auch mißglücken kann. So verstehen wir die durch »Versuch und Irrtum« hindurchsteuernde Tendenz der Entwicklungsgeschichte.

Thematisch war dem Leben auf der Erdrinde das ortsständige, schwimmende, fliegende, kletternde, grabende, gehende oder laufende und schließlich das vernünftig werkende Wesen zu gestalten aufgegeben. Jeweils zusammentretende Umstände gelangten in den Brennpunkt des schöpferischen Drangs, dessen Herd der *Lebenstotalität* zugeschrieben werden muß. Im jeweils brennenden »Hier und Jetzt« wurde die Thematik der Grundtypen und die Unterthematik abgezweigter Spezies aufgegriffen und gestaltet. Was uns neubildende Entwicklung heißt, geht nicht geradlinig vor, sondern verläuft in *Suchkurven.*

Pflanze und Tier gingen aus dieser Entwicklung mit relativ *artgleicher Struktur der Einzelwesen* hervor. Varianten veränderten nicht den Bautypus. Ihr Bestimmtsein durch Tropismen, Reflexe, Instinkte[8] wurde überholt im neuen biogenetischen Thema des Vernunftwesens, des *Menschen.* Die präformierte Eigenstruktur des einzelnen setzt eine *Aufgliederung der organischen Bildekräfte,* ihr *verschieden verteiltes Auftre-*

ten, voraus. Der Vernunftsteuerung ist eine Selbstbestimmung des »Jetzt und Hier« aufgegeben. Mit einem individuell verschiedenen Gefüge von Bildekräften und daraus hervorgehender Problematik hebt sich Mensch von Mensch ab, jeder entscheidet von anderen Voraussetzungen aus, frei gegenüber allgemein naturgeschöpflichen Regungen. Die Bildekräfte haben sich zu einer *inneren Gestalt* konstituiert, signaturhaft erkenntlich an einigen physiognomischen Merkmalen, die zum Teil disponiblen Kräfte nennen wir nun beim Menschen *Wesenskräfte.*

Dies ist nur ein »Umtaufen« der allgemeinen organischen Bildekräfte, *multidimensional lenkender Instanzen,* vom Frühmenschen als »Götter« erlebt. Unsere Entscheidung hat es persönlich mit denselben Grunderfordernissen zu tun, geäußert in Gefühlen und Vorstellungen, Willensstrebungen und Gedanken, im Zusammenleben übersetzt in verschiedene, miteinander rivalisierende soziale Formen. In vielerlei Entsprechungen ein bestimmtes Prinzip verfolgend, sind sie uns als *Anlagefaktoren* gegeben, die individuelle Verteilung stimmt überein mit bestimmten Gestirnständen bei der Geburt. Diese Erfahrung erlaubt es uns, symbolisch, Wesenskräfte unter Gestirnnamen anzuführen, ohne daß, wie lange Zeit irrtümlich geglaubt, ein Einfluß des genannten Gestirns gemeint ist.

Ziehen wir das schon besprochene Verhältnis von *Prinzip und Konkretum* in Betracht (vgl. S. 49, »Entsprechungen«), so begreifen wir die Auswirkung dieser Kräfte in verschiedenen Aufgabenbereichen und konkreten Formen, die zusammengehören in je einer *Grundforderung des organischen Seins.* Von da her erschließt sich uns die Eigentümlichkeit jeder Wesenskraft.

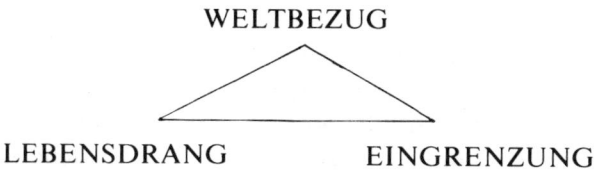

LEBENSDRANG   EINGRENZUNG

Unabdingbare Forderung ist dem organischen Sein, was diese drei Begriffe sagen. Wie alle Lebewesen braucht der Mensch einen Grundantrieb, einen spontan und in fraglosem Überzeugtsein von sich ausgewirkten Drang und Willen zum Dasein – obzwar der Mensch das Wesen ist, das sich selbst in Frage stellen kann, um nämlich seines Selbstwerts außerkreatürlich inne zu werden. Gesundheit schöpfen wir aus der Mitte lebendigen Seins, ausstrahlend auf alles davon Erfaßbare. Reden wir vom élan vital, dem Lebensimpuls, der Daseinslust oder in ähnlichen Worten, dann müssen wir zur Motorik des Lebens ein Gegründetsein in sich, ein Inbild der personalen Eigenheit und zugleich die aktive Urheberschaft von Handlungen hinzudenken, um dem Stichwort ENTITÄT (lat. Seinshaftigkeit, von ens = seiend) gerecht zu werden. Nicht »was« oder »wie«, sondern »daß« ein lebendig Kernhaftes ist, besagt dieser Ausdruck und das Sinnzeichen ⊙ . Es ist ein dynamisch sich setzendes Etwas, die Lebenshandlungen im Ansatz, dem inneren Ursprung, vereinigend und Hilfsmittel zu durchführenden Unternehmungen organisierend, ihren Zusammenhalt steuernd. Alles Lebende gestaltet und entwickelt sich aus dem Antrieb dieser zentralen Macht, die das Mannigfaltige zusammenhält. Was uns aus Zersplittertsein in Nebensächliches, Zufälliges und Beiläufiges immer wieder zur Ordnung ruft gemäß dem Hauptanliegen unserer Existenz, uns dem Entwicklungsstand entsprechend aktiviert, verdanken wir diesem ontischen Zentrum, dem Wesenskern. Sein aufbauendes, anspornendes, alle Fragen auf die Hauptsache zurechtrückendes Prinzip rangiert als »Erstes unter Gleichen« gegenüber den Prinzipien der anderen Wesenskräfte. Es

63

wirkt unterhalb von Sinnesmeldungen, Gefühlsreaktionen und selbst klügsten Argumenten als unbewußte Steuerung durch einen autonomen Jasager, im Negativfalle nur behindert. Im Maß des Spürbarwerdens dieser zentralen Potenz des Lebens kommt das Getriebe peripherer Vorrichtungen in Gang.

Kein unumschränkter Lebensdrang wäre von Bestand. Um Dauerndes in der Materialität der Welt zu verwirklichen, sind Eingrenzungen der Dynamik, Verkörperungen, Rückhalte, Reserven nötig, die Ausformung des Gewichtigen nach materiellen Gesetzen. Organische Körper nutzen sich nicht nur ab nach diesen Gesetzen, sondern sie regenerieren sich im Wiederersatz verbrauchter Bestandteile. Diese Technik organischer Selbsterhaltung rechtfertigt die Hervorhebung von INTEGRATION (lat. Wiederherstellung, Ergänzung, Erneuerung) als Stichwort, ein Wort[9], das zusammenhängt mit *integer* = unversehrt. Es geht im Lebenswert des Einbezugs materieller Gesetzlichkeit um das unversehrt bleibende Ganze und seine Wiederherstellung. Ein Bemühen um Erhaltung des Lebensganzen schließt alle Maßnahmen der Sicherung, des Selbstschutzes, der Vorsorge gegen Schädlinge, auch gegen inneren Zerfall und Auflösung des Zusammenhalts ein sowie das Reparative, die Ausbesserung eingetretener Schäden und Behebung von Mängeln. Allerdings sagt die Erhaltungstendenz nicht, ob ein Entwicklungsstand erreicht wurde, der auch unbequeme Korrekturen einbaut; es gibt auch einen Beharrungszwang von Krankheiten. An Neuerungen läßt dies Prinzip nur zu, was das Intaktbleiben eines gewordenen Zustandes wahrt. Dieser Konservativismus wird zur Gefahr, wo die realen Bedingungen eine Abänderung gebieten würden; er ergibt dann lebensfeindliche Verfestigungen und Widerstandsformen. Dasselbe Prinzip, das Stabilität sichert, wird dann Bedingung des Untergangs. Das in eigengesetzlicher Bauweise determinierte Wesen grenzt sich im positiven Falle ab gegen Störung durch Fremdes oder Unnötiges und konzentriert sich auf das Wertbeständige, ergibt Maßnahmen gegen die Vergeudung von Kraft und

Material, verknappt die Direktiven. In Mangelzeiten oder -verhältnissen ist es die Beschränkung auf karge Lebensformen, um zu überleben, im Sozialen sind es pflichtmäßige Selbstbeschneidungen, die hybriden Übergriffen vorbeugen. Dies unter dem Sinnzeichen ♄ Begriffene wurde von der vulgären Astrologie gründlich mißverstanden, zum »großen Übeltäter« ernannt. Man nahm die Eingrenzung des Lebensdrangs als das Lebensfeindliche schlechthin. Gewiß fällt es einem durchschnittlichen Verstand schwer, die Notwendigkeit von Grenzen, Hemmungen, Zurückhaltungen einzusehen. Doch jedes Lebewesen braucht eine Abgrenzung seines Eigenraums gegen den Umraum, eine »Haut«. Obzwar die stoffliche Zusammensetzung und Dichtigkeit in einem vergleichbaren Verhältnis zum »Außen« steht, braucht es einen Schutz des Verletzlichen (psychisch ist es bei uns die komplexhafte Abschirmung eines Traumas). Gegen aktive Angriffe schützen Panzer, klimatische Ungunst erzwingt, wo genügende Umhüllungen fehlen, härtere und kompaktere Einkörperungen. Die Hebelkraft beweglicher Glieder und gar unser Aufrechtgang wurden ermöglicht – außer dem dynamischen Anteil der Muskulatur – durch Ausbildung eines Skeletts. Physisch ist dies eine Entsprechung desselben Prinzips, das unsere Innenwelt ausstattet mit einem Gerüst von Grundsätzen; analog dem Skelett stehen in dieser Hinsicht auch die Leitlinien und Scharniere eines Gedankensystems. Wir sprechen mit Recht vom »Rückgrat« eines Charakters, einem »kristallklaren« Geist. Gegensätzlich zum »sonnenhaften« ist es das »saturnische« Prinzip, bei den Römern der doppelgesichtige Janus, dessen eines Antlitz rückwärts, dessen anderes vorwärts schaut. Die rückwärtsweisende Tendenz uneingesehener Fehler, falscher Bezichtigungen, verdrängter eigener Mängel und überhaupt die bösen Folgen unbewältigter Vergangenheit, auch unausgeheilte Verletzungen, verdichten sich seelisch zu dem, was C.G. Jung »den Schatten« nennt.

Grenze ist der negative Ausdruck dafür, was lebenspositiv zur Peripherie eines zentralen Wirkungsvermögens gehört, das Empfangen und Umsetzen von Kernregungen im Weltbezug. Das Stichwort FUNKTION darf nicht mechanistisch verstanden werden, sondern als lebendige Verrichtung (Definition Goethes: »Das Dasein in Tätigkeit gesetzt«). Es ist derjenige Ausschnitt des Geschehens, der Leben erst zum Leben macht, indem der Organismus sich in Beziehung zu der ihm gemäßen Umwelt verwirklicht. Verstanden wir unter ⊙ die Selbstregulation des organischen Ganzen, so haben wir nun unter dem Sinnzeichen ☽ das welteingepaßte, resonant wechselnden Bedingungen preisgegebene, doch darauf eingehend immer neue Wirkmöglichkeiten findende Verhalten. Es zeigt sich in den Funktionen des Wachsens, der Ernährung, in den situativ bestimmten Reaktionen der Freund- und Feind-, Raub- und Beutebeziehungen, unberechenbar und mannigfaltig in den Ausdrucksformen, immer wieder momentan gefunden. Aus diesem Prinzip wird ein im großen ganzen vorgeschriebener Kurs durchgeführt in Abwandlung durch kurz- oder langdauernde, feinere oder gröbere und inhaltlich verschiedenartigste Einflüsse – bei aller Lockerheit in keiner Wendung die Eigenart aufgebend. Die Einstimmung in das »Jeweils« spiegelt sich im wandlungsfähigen Gemüt, in Gefühlen, Wahrnehmungen, Launen und Einbildungen, fortgeführt im Spiel mit »möglicher Welt« in der Phantasie, im Traum. Zwischenmenschliche Beziehungen machen dies »zwischen den Zeilen« spürbar als kontaktschaffendes Fluidum, erstmalig in der Symbiose von Mutter und Kind, es bekundet sich zeitlebens sowohl in mütterlichpfleglicher Haltung als auch in kindlich-naivem »Am-Anfang-stehen-Können«.

Diese Dreiheit bedeutet schöpferischen Auftakt, Bestandsicherung und verwirklichendes Geschehen im Lebensvollzug. In mythologischer Personifizierung gestaltete sich daraus die Trinität von *Schöpfer, Erhalter und Vollender*. Übersetzt in Wesenskräfte lichtet sich das Schöpfungsgeheimnis in uns selbst, auch wenn es manchmal schwer fällt – psychologische Aufsplitterung gewohnt –, innerseelisch den Zusammenhang dieser drei Wesenskomponenten zu erkennen.

Diese Prinzipien sind getrennt, abgewandelt in Entsprechungsform, erkennbar gemäß den Stellungen von Sonne, Saturn und Mond bei der Geburt.

Auf die Gestaltbildung blickend könnte man mit diesen drei Prinzipien ein endlos lebensfähiges, stoffwechselndes elementares Gebilde – einen relativ ungegliederten Mikrokosmos, Modell Amöbe – hinreichend beschreiben. Bei reicher gegliederter und größenmäßig angewachsener Gestalt gilt das existentiell Grundlegende dieser Dreiheit zwar weiterhin in abgewandelten Entsprechungen. Der Fortschritt zum »Zellenstaat« hat aber sein Thema unter erschwerten Bedingungen, vor allem mit Überwindung der Todesschranke zu bewältigen. Das erhaltende Prinzip $\hbar$, in diesem Zusammenhang überwiegend die Tektonik, muß bei verzweigterer Organisation mit komplizierteren Bedingungen rechnen, sowohl in der Bauweise, dem Wiederersatz abgenutzter Bestandteile, als auch in Schutzmaßnahmen und dergleichen. Ebenso benötigt die Steuerung des Weltbezugs $☽$ eine Lenkung differenzierterer Vorgänge zum Herbeischaffen und Assimilieren der benötigten Stoffe, eingehend auf vorhandene Bedingungen. Schließlich und in Zusammenhang damit muß der vereinheitlichende Lebensdrang $⊙$ sich organisatorisch in mehrfache Unteraktionen aufteilen bzw. die dafür geschaffenen Organe lenken, die Tätigkeit unterschiedlicher Teilzentren disziplinierend zusammenfassen.

Auch auf relativ später Entwicklungsstufe, als Mensch, sind wir im Ursprünglichen – in den Grundregungen spürbar – von dieser Dreiheit bestimmt, obzwar an der Oberfläche sich die Komplizierungen vordrängen. Zur Bewältigung der genannten Erschwernisse werden weitere Wesenskräfte aufgerufen, die das Bild des organischen Ganzen vervollständigen.

Entsprechend den materiellen Bedingungen der Inkarnation ist eine Abnutzung gegeben, gegen die letztendlich keine Ausbesserung und kein Wiederersatz ankommen. Leben und Tod sind verschwistert. Der unaufhaltsamen Vergänglichkeit und Begrenzung der Lebensdauer, dem »Urschicksal« $\hbar$, begegnen kunstvolle Methoden der Fortpflanzung. Entsprechungen zweier weiterer Wesenskräfte sind geeignet, das Formenarsenal des zu überpflanzenden Typus zu bewahren und das zum Neuaufbau nötige Energiepotential beizusteuern. Ihre Verschmelzung bewirkt das in allen einzelnen Schritten physikalisch und chemisch erklärbare, dennoch als Ganzes bleibende Wunder, daß aus der befruchteten Eizelle ein gegliederter Organismus hervorgeht.

Im Kampf ums Dasein mobilisiert und schärft sich, was aus dem Energievorrat des Lebewesens auf die jeweilige Sachlage als *aktive Entäußerung* eingeht. Sie antwortet unmittelbarer Bedrohung mit Angriffswaffen, schon vorher wachsam und kampfbereit, aufmerksam gegen potentielle Feinde gerichtet. Dieses Prinzip der SELEKTION (lat. selectio = Auswahl) sticht hervor im Bestehen von Gefahren und Beseitigen von Hemmungen, die Fähigkeiten übend im Wettkampf mit Gleichstrebenden, auf Auserlesensein abzielend.[10] Als Gradmesser der Durchsetzungskraft gilt dies unter dem Sinnzeichen ♂. Diesem Prinzip, zu obsiegen, untersteht aber nicht nur aggressives Vorgehen, Streitlust, kriegerische Tücke und der Wille zu schaden, Haß, Zorn und Fertigkeit im Waffengebrauch, sondern auch aktives Wirken friedlicher Art, Arbeitseifer, Leistungswille und selbstvergessene Anwendung technischen Könnens. Auch darin sind Spornstreichs-Methoden und derbes Zupacken bevorzugt, die Dynamik überträgt sich gern auf maschinelle Handhabung und »schnittiges« Gebaren. Nicht also nur die Personifikation als Kriegsgott, der affektive Tatendrang, werden aus diesem Prinzip verständlich, sondern auch die Tugenden des Homo faber, das Fortschreiten der Technisierung, ihre Errungenschaften, aber auch Rücksichtslosigkeiten gegen die Natur. Dieselbe Kraft kann Zerstörung bringen wie anderseits besessen einem Aufbauwerk dienen; im Gesamtmaßstab handelt es sich oft nur darum, ansprechende Ziele für einen bereitliegenden Energie-Überschuß zu finden. In der amoralischen Äußerung sind Kampf oder Flucht hinsichtlich des Überlebens gleichwertig. Im menschlichen Zusammenleben wirkt das sich Vordrängen und spontane Ergreifen von Mitteln – wo sie sich gerade finden – zur Änderung des bestehenden Zustandes oft ruhestörend. ♂ kann aber auch Stagnationen beheben und anregend, enthemmend auf die Unternehmungslust der Mitwelt wirken, er erschüttert gewohnte Anschauungen und stellt vor neue Tatsachen. Es ist die »inquiétude humaine«, die Unfriede wie auch Erneuerung schafft. Zuweilen unterzieht ein Gewalttäter sein eigenes Verhalten kritisch sezierender Betrachtung und wandelt die Gesinnung zum Einsatz für das, wofür sich bei gehobenem Niveau zu kämpfen lohnt. Tapferkeit gilt hier sowohl extensiv, in der Verteidigung gegen äußere Gefahren, als auch intensiv, gegen innere Anfechtungen, Trug und Bequemlichkeit. Als *principium individuationis* bringt ♂ den Eigenanspruch, für den man sich berufen fühlt, zum Vorschein.

Im Gegensatz hierzu gilt unter ♀ *passive Zuordnung*. Als Wesenskraft ist dies keineswegs ein Sich-fügen-Müssen aus Rückgratlosigkeit, abhängig von anderen, ein »Mitläufertum«, sondern ein Handeln nach dem sanften Gesetz des Ausgleichs, der Befriedung verworrener Verhältnisse und »zackiger« Ansprüche. Das Stichwort heißt HARMONIE (griech. Zusammenfügung, Zusammenklang). Dies vorzugsweise gemeinschaftsbildende Prinzip hat natürlich seine Kehrseiten, die im Geschehenlassen aus Schwäche liegen, wenn die ordnende Kraft fehlt. Es ist also nicht schlechthin Anpassung, vielmehr ein Hinstreben zum Gemeinsamen und dem sich Zuordnen. Harmonie in wechselnder Lage verstehen wir als ein Fließgleichgewicht, das Harmonisieren erfordert dann, von Fall zu Fall und auf immer wieder andere Weise, den Zusammenhalt herzustellen, der Situation entsprechend. Während beim Gegenprinzip ♂ sich das Trennende, Unterscheidende hervorhebt, stellt ♀ als Reaktion auf andrängende Aktionen sich so ein, daß das Bindende gewahrt bleibt. Dies bekundet sich im Verhalten nach außen wie im Ausgleich eigener Regungen, dem »Verzehren« des Aggressors unter Abweisung mutwilliger Übergriffe, Verweigern der Zustimmung zu Willkürlichkeiten. Unter Umständen kann ein Nicht-Widerstehen so Gewalt überwinden. Darüber hinaus bildet der Kontakt mit dem Andersartigen die Wurzel des sozialen Gleichgewichts. Aufnehmen, In-sich-Bergen des Befremdenden stellt dem trennenden Haß das Bindende der Liebe entgegen, das Erlebnis gegenseitiger Ergänzung und Zusammengehörigkeit. Bei der mythologischen Gestalt der Liebesgöttin überwiegt die erotische Seite, und man denkt an die sich darbietenden, hingebenden oder sich verweigernden, hinhaltenden Züge der Weiblichkeit. Dies sind hierhergehörige Entsprechungen wie ebenso verschönerndes Empfinden, Geschmack, Mode, ästhetische Differenzierung. Im überpersönlichen Maßstab sind es Stil, Gesittung, Lebensart und ihr künstlerischer Ausdruck, die den nicht an »Leistungen« zu ermessenden Grundton einer Kultur ausmachen.

Gewöhnlich denkt man bei ♂ und ♀ an den *sinnfälligen Gegensatz der Geschlechter,* die Trieb-Eros-Beziehung, an Ares und Aphrodite, das klassische Paar. Es ist die vitale Spannung, die zu den Augenblicken der Empfängnis treibt, in welchen ein latentes Formungsvermögen enthemmt und aktiviert wird. Nicht aber das biologische Geschlecht ist aus diesen Symbolen ersichtlich im Kosmogramm, sondern wenn dies feststeht, sind es seine Entsprechungen. Die Gegensatzspannung und die wechselnde Bewegung von einem Pol zum anderen geben vielmehr das »kosmische Geschlecht« nach Art der chinesischen Polarität von Yang und Yin an. Als solches ist es das psychologisch bekannte *Mitsprechen der gegengeschlechtlichen Komponente* im täglichen Tun und Lassen, das Feminine im Mann, das Maskuline in der Frau.

Schon die einfachste Lebensgestalt bedarf einer Regelung ihrer Vorgänge und Verrichtungen. Mit der Komplizierung des Baues differenzieren sich die Organe der interstrukturellen Leitung, der übermittelnden Wege zur ganzheitlichen Durchdringung aller Bestandteile. Es geht insbesondere um gegenseitige Information mit dem bestmöglichen Maß der zweckdienlich aufgegliederten Tätigkeiten. Einer Zersplitterung vorbeugend, will alles auf die zugeteilte Rolle verwiesen sein, damit das vorgesetzte Thema in den von der Wirklichkeit gebotenen Wendungen sinnvoll und zweckentsprechend verwirklicht wird. Den daraus erwachsenden Aufgaben dient ein weiteres Gegensatzpaar von Kräften.

Seines *Sinns im Dasein* glaubt sich jeder Mensch gewiß, oder er sucht diese Gewißheit. Am allgemeinen Sinn mag er zweifeln, ja verzweifeln. Dennoch strebt er als Vernunftwesen nach dem, was die übrigen Naturgeschöpfe problemlos besitzen, Berechtigung des Soseins. Zur Berechtigung des individuellen Soseins genügt keine naturgeschöpfliche Vollkommenheit, die den Organismus in allen Verrichtungen ausstattet mit unbewußten Regelungen, ja sie macht die Unvollkommenheit als Mensch oft erst spürbar. Dieses Einzelrecht, da zu sein, hinausgehend über angeborene Neigungen, liegt in einer ganz individuellen Aufgabe, die sinnvoll erscheint und die besten Möglichkeiten hervorlockt, sie zur Anwendung bringt. Es ist das Problem des Bestmöglichen, als Stichwort der allen Geschöpfen eingeborene Drang zum OPTIMUM (lat. = das Beste, davon abgeleitet »Optimismus«). Unter dem Sinnzeichen ♃ streben wir nach dem erfüllten Ganzen in Naturtrieb und Vernunft. Je nach der Entwicklungshöhe kann man das Bestmögliche in der Existenz beschlossen sehen, im Wohlleben aus dem vollen heraus oder auf die Regulationen der Gesundheit achtend, oder aber ein Sollen über das Sein setzen, eine Vervollkommnung in der Erfüllung menschheitlicher Forderungen anstreben. Problematisch wie die Sinnfindung ist, gibt es sowohl redliche Zwischenstufen als auch Erheuchelungen. Man kann Idealen und Vorbildern nacheifern in Einrichtungen der sozialen Wohlfahrt, der Gemüts- und Geistesbildung, des Rechts, in Kirchen und Kulturinstituten, kann aber aus solchen nur Titel für ein privates Genußleben beziehen. Echtheit steht nicht im Kosmogramm. Das Problem ist eben, worin man »das Beste« sucht. Es liegt oft abseits der Meinungen darüber, in Kompensationen, Steckenpferden, auch in Ventilen sozialer Zwangslagen, vom Druck befreiend. In jedem Falle hat der Mensch – darin ein kentaurisches Wesen – die geistigen Leitlinien des sich gegebenen Sinns ohne Bruch zu vereinbaren mit den Anforderungen der organischen Existenz. Vernunft hat in der Sinnfrage die Bedeutung des vernehmenden Geistes, dieser greift auf das ontische Grundthema des Menschen zurück und folgt Höherem, an das er nur glauben kann.

Wissen kann man das *Zweckdienliche*. Darin nehmen wir Abschied von überspannten Forderungen, beschränken uns auf notwendige Verrichtungen und suchen mit geringstem Kraftaufwand das Höchstmögliche zu erreichen. Dies ist meistens nicht das Bestmögliche, wenn sich Zweckstreben vereinseitigt. Liegen die Abwege bei ♃ in »hochgestochen«, so beim Gegenspieler ☿ in »kleinkariert«. Im lebendigen Zusammenwirken korrigiert sich der ganzheitliche Sinn am Zweck der Teile und umgekehrt. Für sich genommen bringt zweckmäßiges Handeln ein alles durchdringendes Prinzip der ÖKONOMIE (griech. Haushaltung) zum Ausdruck. Es regelt in der Abwicklung organischer Funktionen den sparsamsten Energie- und Stoffverbrauch, paßt die Funktionen den Bedingungen der Zielverwirklichung an. Unser darauf eingestellter Verstand beweist sich in nüchterner Nutzung des Gegebenen, nötigenfalls unter Anwendung intelligenter Finten und Tricks, strebt auf Verbesserungen hin und zeichnet so den Weg des evolutionären Fortschritts; er merzt im Gemüt das Ahnen und Suchen aus, verknappt die Lebensfülle nach der Logik der geraden Linie als kürzeste Verbindung zwischen zwei Punkten. Analog unserer Mitteilung durch Rede und Schrift regelt sich im Naturprinzip die Übermittlung von Sinnesmeldungen und Tätigkeitsimpulsen, auch die außerhalb der Nervenwege erfolgende Information, die Signalisierung von Gefahren zwischen wechselseitig aufeinander bezogenen Einzelteilen und Gruppierungen. Was wir auch aus dem Lebenszusammenhang ausgliedernd im einzelnen betrachten, verläuft so, als ob wir unseren Zwecksinn und unsere Logik in die Natur hineintrügen – einleuchtend, daß die Naturwissenschaft sich vorwiegend daraus gezogener Argumente bedient; es ist die Methode des analytisch Allgemeinen, die erstaunliche Mechanismen aufdeckt, aber trotz scharfsinniger Nachweise nie zum Zusammenhang im lebendigen Ganzen führen kann.

Durch Heraklit, durch Nikolaus von Kues, durch Hegel immer wieder aufgerollt, erneuerte sich die Wahrheit der *coincidentia oppositorum: das Ganze lebt aus der Vereinigung des Gegensätzlichen.* Dieser Art ist das Zusammenspiel der Wesenskräfte. Jedes ihrer Prinzipien faßt vielerlei Erscheinungen, unterschiedliche Dinge und Verhaltensformen als Entsprechung in sich. Nach dem Verhältnis von *Prinzip* und *Konkretum* kleiden sich auf diese Weise unerläßliche Notwendigkeiten für das organische Leben sinnfällig ein. Die Prinzipien aber fassen sich in Gegensatzpaaren als Organe des Ganzen zusammen. Der Ganzheit jedes Lebewesens unabdinglich, tragen diese Prinzipien auch die Zusammenordnung der menschlichen Individualität als Ganzheitsgefüge.

Sonne ⊙	ENTITÄT	= Prinzip der zentralen Antriebskraft und Steuerung, abgestrahlt im eigenen Wirkungsbereich, Selbstwert.
Saturn ♄	INTEGRATION	= Prinzip der Tektonik, Dauer und Dichte der Gestalt, bestandsichernde Maßnahmen, wiederhergestellte Einkörperung und ihre Grenzen.
Mond ☽	FUNKTION	= Lebensfunktionales Prinzip, der Reizung entsprechendes Eingehen auf die Außenwelt, Umlauf der Verrichtungen, Kontakte.

Mars ♂	SELEKTION	= Prinzip der aktiven Entäußerung, Durchsetzung und Leistungskraft, wetteifernde Tätigkeit.
Venus ♀	HARMONIE	= Prinzip zusammenstimmender Proportionen, im Lebensfluß innegehaltenes Gleichgewicht und harmonikales Maß, Bindungen und Einigungen.
Jupiter ♃	OPTIMUM	= Prinzip des Strebens zum Bestmöglichen, Sinngebung und -vollendung, Leitbild, Expansion.
Merkur ☿	ÖKONOMIE	= Prinzip des Haushälterischen und der Zwecklichkeit, Nutzung des Gegebenen, sparsame Aufwendung.

Diese sieben Wesenskräfte bilden den Grundstock der hier vertretenen Charakterologie. Zu erläutern sind noch die Abwandlungen durch Ausdrucksfärbung, Interessenrichtung und das gegenseitige Verhältnis der Kräfte. Als grundlegend für Seelisches und Geistiges gelten damit *organische Kategorien,* das heißt die Eigenbetonung der Gefühle und Gedanken entspringt *individuellen Lebensnotwendigkeiten,* oder auch so: der ganzheitliche Lebensgrund *steuert und kontrolliert Seele und Geist durch die Wesenskräfte.* Da diese Kräfte zum Teil disponibel sind, können aus vorgefundenen Entstellungen, Überfremdungen des Anlagengefüges sowie der darin erkennbaren Grundproblematik und ihren Lösungsbedingungen therapeutische Folgerungen gezogen werden. Nicht aber die Entwicklungshöhe ist darin erkennbar, mit ihrer Verlagerung ändern sich die Entsprechungen. Jede der klar unterscheidbaren Wesenskräfte hat eine gestufte Reihe von Entsprechungen, und dies ist der *Spielraum unserer Freiheit*, der Entscheidungswahl und Selbstgestaltung im überdauernden Gefüge.

Zueinander stehen die Wesenskräfte in einem elementaren Ordnungsverhältnis. Die Gegensatzspannung von ♂ und ♀, wie sie besonders die zeugende und empfangende Geschlechterpaarung in ihrer Zusammengehörigkeit zum Ausdruck bringt, liegt auf der Hand. Sie zeigt sich auch in den übrigen Entsprechungen. Wir fassen alle analogen Formen ihrer Beziehung zusammen als *konzeptionelle Achse*. Beim darauffolgend gebrachten Gegensatzpaar ♃ und ☿ geht es um Regulierungen nach Sinn oder Zweck, zusammenfallend in der Stimmigkeit der Lebensfunktionen. Wir nennen ihr Verhältnis die *regulative Achse*. Im anfangs gebrachten Dreieck finden wir auf die Bedingungen des Daseins bezogen die widersprüchliche Zusammengehörigkeit von ☉ und ♄, das schöpferische und organisierende Prinzip gegenüber dem eingrenzenden, konservierenden, erhaltenden Prinzip. Ihre Entsprechungen sind die Widersprüche der Existenz im ganzen genommen, wir fassen sie zusammen als *existentielle Achse*. Die weltbezogene Funktionalität ☽ bildet das Vermittelnde dieser Achse, spielt aber auch in alle anderen Gegensatzpaare hinein.

Im folgenden Schaubild zur Anschauung gebracht, stehen diese drei Gegensatzpaare in *horizontaler* Anordnung jeweils sich gegenüber. Stellen wir die Achsen untereinander, so ergibt sich die *vertikale* Anordnung von zwei Reihen einander verwandter Kräfte. Verwandt sind ☉, ♂, ♃ im *aktiven Lebensschwung*, ♄, ♀, ☿ in der *passiven Sachbindung*. Sie heißen hier die *solare* und die *saturnale* Reihe. Das Signum der an allem teilhabenden Wesenskraft ☽ steht sinngemäß an der Spitze, näher der existentiellen Achse als den übrigen.

In diesem Schaubild wird das Verhältnis von ☉ zu ♄ als oberste Horizontale eingesetzt, weil es die *Gesamtexistenz des Lebensganzen* angeht. Die erwähnte »nähere Beziehung« von ☽ zu dieser Achse liegt in der Ganzheitlichkeit der Lebensfunktion. ☉ und ☽ bilden darin den Bedeutungsge-

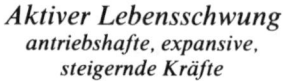

Aktiver Lebensschwung
antriebshafte, expansive,
steigernde Kräfte

Passive Sachbindung
hemmende, einschränkende
formbestimmende Kräfte

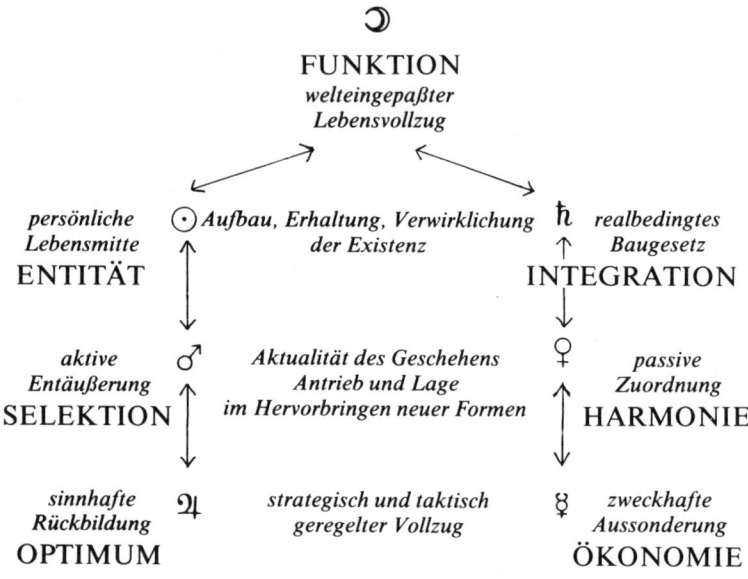

☽

FUNKTION
welteingepaßter
Lebensvollzug

persönliche Lebensmitte ENTITÄT	⊙ *Aufbau, Erhaltung, Verwirklichung der Existenz*	♄ *realbedingtes Baugesetz* INTEGRATION
aktive Entäußerung SELEKTION ♂	*Aktualität des Geschehens Antrieb und Lage im Hervorbringen neuer Formen*	♀ *passive Zuordnung* HARMONIE
sinnhafte Rückbildung OPTIMUM ♃	*strategisch und taktisch geregelter Vollzug*	☿ *zweckhafte Aussonderung* ÖKONOMIE

gensatz von Zentrum und Peripherie im zusammenhängenden Ganzen, Kern und Reichweite einer Potenz. Demgegenüber bilden ☽ und ♄ zeitlich bezogen den Ablaufsgegensatz von Anfang und Ende, Neubeginn eines Geschehens und Tatsachen-Konsequenz, Einleitung und Ergebnis. *Spezielle Vorgänge* haben dieser Gesamtexistenz gegenüber untergeordnete Bedeutung. So betreffen ♂ und ♀ den auslösenden Antrieb und die situative Einbettung von Einzelvorgängen. Die im menschlichen Zusammenleben vorrangige Bedeutung liegt im Gegensatz von ♂ als aktiv sich aussonderndes *principium individuationis,* ♀ als kontaktherstellendes, *gemeinschaftsbildendes Prinzip.* In dieser für das Menschheitsganze wichtigen Bedeutung müßte die konzeptionelle Achse der existentiellen Achse vorangesetzt bzw. übergeordnet werden.

76

Würde es sich bei dieser Elementarordnung nur um etwas Ausgedachtes handeln, so bliebe sie strittig. Auch zustimmende Erfahrungen am astrologischen Meßbild gäben dem Schema keine Überzeugungskraft, obzwar es nach Grundforderungen des organischen Seins aufgebaut wurde. Eine Sachdeckung des ideal Geforderten ergibt sich aber aus der Lage der Großkörper im Sonnensystem, wenn man die Erde mit ihrem Trabanten in die Mitte eines Bezugssystems rückt. In dieser geozentrischen Umraumsbeziehung sehen wir die Erde flankiert von Außen- und Innenzonen anderer Planeten. Nächst außen zieht Mars seine Bahn, nächst innen Venus. Dann folgt außen Jupiter, innen Merkur. Diese Gegenübersetzung entspricht den beiden unteren Gegensatzpaaren in der aufgezeichneten Elementarordnung der Wesenskräfte. In weiterem Abstand folgt innen der Halt und das Drehzentrum des ganzen Systems, die Sonne als Gravitations-Schwerpunkt und Strahlungsversender, während außen Saturn den Abschluß damit umrissener geozentrischer Gegenüberstellungen bildet. Was also übereinstimmt, sind die *Gegenüberstellungen,* während für das Übereinander der damit bezeichneten Horizontalen des Schaubildes die soeben gegebene Erklärung gilt. Abgesehen von letzterem, der von den Entsprechungen aus gebotenen Anordnung, deckt sich jedenfalls der Sachverhalt geozentrischer Sicht mit dem ideell Geforderten.

Vorsichtigerweise muß man sagen: die Deckung betrifft die Einlagerung der Erde in den *empirischen Zustand* des Sonnensystems und die Einstellung auf *Großkörper.* Zieht man die Kleinkörperzone der Planetoiden in Betracht sowie die rhythmische Proportion der Bahnabstände von der Sonne (sog. Bode-Titiussche Reihe), so ergibt sich noch ein zweiter Gesichtspunkt, derjenige *harmonikaler Stellenwerte,* andernorts erläutert.[11] Die hinzutretenden Ergänzungen ändern aber nichts an der praktischen Gültigkeit.

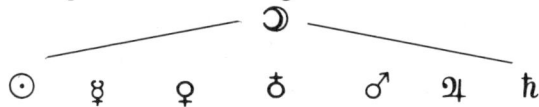

Ein neues Kapitel in der Geschichte des astrologischen Gedankens wurde aufgeschlagen durch die Entdeckung des Uranus 1781. Zugleich mit der Aufgabe, astrologische Beobachtungen darauf einzustellen, wurde den Gegnern ein neuer Einwand zugespielt: war das alte, das »klassische« System nicht schon deshalb hinfällig, weil es nur die mit unbewaffnetem Auge sichtbaren Planeten umfaßt? 1846 kam die Entdeckung des Neptun – eine wissenschaftliche Glanzleistung, indem man aus Gravitationswirkungen auf Uranus den Ort des daraufhin gefundenen Planeten erschloß –, 1930 diejenige des Pluto hinzu. Kosmologischer Weltschau konnte dies nicht bedeutungslos sein. Für die Astrologen erhob sich das Problem, ob auch diesen Planeten eine charakterologische Entsprechung beizumessen sei und wenn, welche. Ungeachtet der anfangs phantastischen Vermutungen – irregeführt durch die Einflußtheorie – kristallisierte sich allmählich der fruchtbare Gedanke der »höheren Oktave« heraus. Uranus sei demnach aufzufassen als höhere Oktave von Merkur, Neptun als höhere Oktave von Venus; eine gleiche Zuordnung von Pluto zu Mars ist noch unsicher.

Die Beobachtung am lebenden Modell im Vergleich mit den dazugehörigen Meßbildern gibt Bestätigungen und Korrekturen. Man muß sich nur darüber klar sein, was als höhere Oktave zu gelten hat: prinzipiell dasselbe in anderer Dimension. Das Wort »höher« hat viel Verwirrung gebracht, schwärmerische Gemüter sahen den Zugang zu »höheren Welten« offen, dem Begünstigten von Geburt an mitgegeben. Damit zusammenhängend zeigte sich das Manko der Einflußtheorie und der dazu passenden Auslegungsmethode ganz besonders: hier der Sender, da der Empfänger konkret beschriebener Eigenschaften, ohne Betracht der Entwicklungshöhe.

Offenkundig allerdings ist die Verwandtschaft im »Oktavenverhältnis«, wenn wir diesen der Musik entliehenen Ausdruck belassen und dementsprechend auswerten. Eine lebensnahe Deutung hat aber die mehrfach angeführte Beziehung von *Prinzip und Konkretum* in Rechnung zu ziehen: gerade bei den Transsaturniern zeigt die Beobachtung besonders entscheidend die Rolle der *Entwicklungshöhe*. Sie vor allem bestimmt die konkrete Auslösung. Dasselbe Element etwa, das bei Kepler für die »harmonice mundi« in Anspruch genommen werden darf, Neptun, äußert sich im Fall der Minderentwicklung als Persönlichkeits-Auflösung, gegebenenfalls als Rauschgift-Süchtigkeit, zumindest Störung des individuellen Gleichgewichts. Dies ist aber aufzufassen als *negative Auswirkung des gleichen Prinzips*. Dementsprechend kann von den Transsaturniern allgemein gesagt werden, daß sie, je nach der *instrumentalen Eignung* des Betreffenden, sich als segensreiche oder beirrende Ausweitung des Aktionsradius und des Wahrnehmungsbereichs äußern.

Charakterliche Komponenten sind *Strukturglieder*. Ein entwicklungsmäßiges »höher« oder »tiefer« beeinflußt nicht ihre Rolle als solche, auf jedem Niveau kann man, vereinfacht gesagt, aktiv oder passiv sein. Die sieben von Francé herausgebildeten Prinzipien sind, als Wesenskräfte verstanden, *einzelgeschöpflich* orientiert, sie sind ständig zusammenwirkend gedacht in einem geschlossenen System dessen, was für Aufbau, Bestand und Verwirklichung der Individualität als organisches Ganzes denknotwendig ist. Mehr noch, wie die Beobachtung am Kosmogramm zeigt: unerläßlich für das tatsächliche Leben. Eine andere Dimension kann eine höhere genannt werden dann, wenn dies eine analoge *transformative Ausweitung* betrifft, in welcher Strukturglieder der *Überstufung* normalerweise geltender *Lebensäußerungen* erforderlich sind. Den meisten Astrologen lag es nahe, die Transsaturnier dem »Kollektiv« zuzuweisen, sie schlossen auf individuelle Äußerungen, die »kollektivistisch« ausgerichtet sind. Doch dieser Begriff »Kollektiv« bedeutet schlechthin »Ansammlung«, also ein Aggregat, für dessen Lebensformen die bisher besprochenen Kräfte ausreichen würden, auch wenn Einzelwesen zu einem organischen Ganzen zusammengeschlossen sind (vgl. das Beispiel »Staatsqualle« S. 55). Mit Recht werden nur solche Prinzipien bzw. Kräfte als »höher« eingestuft, die *Bezüge, Bedeutungen, Aufgaben in einem höheren Zusammenhang* enthalten, für das sinnengebundene Wesen *transzendental*. Auf solche Komponenten gegründetes Erleben von »Überpersönlichem« kann, je nach Niveau und Vorstellungskraft, sowohl inflationistische Aufhebungen des normal Geltenden als auch indiskutable Gewißheiten, etwa der Existenz von Engeln, der Weltharmonie, der überpersönlichen Lenkung unserer Schicksale ergeben. »Oktave« heißt dann eine Analogie von Strukturgliedern der Normalexistenz zu solchen, die eine derartige »Überexistenz« suggerieren bzw. das Erleben des Zugangs zu einer solchen vermitteln. Es liegt auf der Hand, daß deren Auswirkungen kritischer Vorsicht bedürfen und definitive Aussagen unmöglich sind. Es geht um das Verhältnis des universellen Lebens zum einbeschlossenen Einzelwesen.

Zurückgegriffen auf die allgemeinen Bildekräfte, gibt es mannigfache Erscheinungen in der Lebensnatur, die vom Einzelgeschöpf aus unerklärlich sind und einen universellen Zusammenhang voraussetzen. Weniger wären Gruppeninstinkte zu nennen, die artgleiche Wesen zu gemeinsamem Handeln verbinden, als vielmehr die vielfachen Beziehungen innerhalb einer Symbiose, die Abstimmung der Populationen unterschiedlicher Arten aufeinander, die Befruchtungshilfe von Insekten bei Blumen, Gallenbildungen und vieles mehr; ferner Mimikry und Schutzfärbungen, bei manchen Fischen die Übereinstimmung der Färbung mit dem Untergrund, über den sie hinwegschwimmen, bei manchen Lebewesen das gleichzeitige Eintreffen aus geographisch weit auseinanderliegenden Räumen am Paarungsplatz. Insgesamt wird der Kampf ums Dasein gekontert von einem Prinzip des Ausgleichs, auch gegenseitiger Hilfe und der Anpassung an Umstände, die real noch nicht eingetreten sind, sowie der Einstellung auf eine Sicht, die durch keine normalen Sinnesorgane vermittelt wird. Es ist der innerorganischen Ausgleichsregelung verwandt, doch in einem weltweiten Umfange gültig, »Harmonie« analog der unter ♀ begriffenen, doch über die Verschiedenheit der Arten und Lebensräume hinweggreifend. Dies entspricht dem unter dem Sinnzeichen ♆ für Neptun Begriffenen, für das wir das Stichwort PARTIZIPATION setzen, das von Lévy-Bruhl für frühmenschliche Natursichtigkeit gebrauchte »participation mystique« aufgreifend.

Eine andere Randfrage der gewohnten Naturerklärung ist die Entwicklung der Arten, darwinistisch gedacht aus zufälligen Mutationen hervorgegangen. Mutation heißt eine vererbbare Neubildung. Der Begriff des Zufalls, als nicht im Organismus Vorgesehenem, wird mechanistisch eingesetzt bei Durchbrechungen der Kette evolutioneller Lebensvorgänge durch sprungweise Gestaltänderung. Angesichts eintretender Vervollkommnung ist dies ebenso unstatthaft wie der Gebrauch des Wortes Mutation für experimentell hergestellte Rückbildungen (Drosophila unter Einwirkung von Röntgenstrahlen). Im allgemeinen Naturzusammenhang ist Mutation ein Ausdruck höherer Zweckmäßigkeit als unter dem haushälterischen ☿ gefunden, und zwar nicht mit Hilfe von Tricks erreichte Verbesserung von ohnehin schon eingeschlagenen zweckdienlichen Methoden, sondern durch erfinderische Neugestaltung des Formbautypus. Dies nennen wir Überstufung der Evolution durch Revolution. In der menschlichen Individualität wäre dies der schöpferische Richtungsweiser, der Auswege aus Sackgassen findet, Krisendurchbrüche schafft, ohne den eine Aufwärtsentwicklung undenkbar wäre. In dieser Bedeutung nehmen wir das Stichwort MUTATION für Uranus, Sinnzeichen ⛢ , als geistige Überstufung des merkurialen Intellekts die Intuition im Sinne von Kants »intellectus archetypus« (s.o. S. 42).

Eine der rätselhaftesten Naturerscheinungen ist die Verwandlung der Raupe in den Schmetterling. Was in der Verpuppung vor sich geht, demonstriert eine Überstufung des Wunders im befruchteten Ei: eine amorphe Masse gestaltet sich zu einem lebensfähigen Geschöpf. Bei der Metamorphose geht eine Lebensform voran, aus der sich kontinuierlich eine völlig neue bildet, beide, die nichts voneinander wissen, sind ein und dasselbe Geschöpf. Wenn wir zur Erklärung die in den Chromosomen niedergelegte »Schrift der Determination« heranziehen, so belehrt dies lediglich über das »Wie« der Mechanik, nicht über das »Daß« des Vorganges der Gestalt- und Wesensverwandlung. In einem maschinell laufenden Kosmos gäbe es dies Wunder nicht. Bei der Verwandlung im Verpuppungszustand wird alles, was Raupe war, zerstört, bevor werden kann, was Schmetterling sein wird. Dies erinnert an die Doppelgesichtigkeit des mythologischen Chaos: Einheit einer formzersetzenden und einer formschöpferischen Natur. Bisherige Beobachtungen des Niederschlags im menschlichen Bereich zusammenfassend, setzen wir das Stichwort METAMORPHOSE für Pluto, Sinnzeichen ⊖, hypothetisch als höhere Oktave von ♂, der selektiven Energie. Der Begriff der Metamorphose gilt auch in dem Sinne, den er in Goethes Naturphilosophie hat.

Diese Zuordnungen sind insgesamt hypothetisch hinsichtlich allgemeiner, die Natur durchwaltender Prinzipien. Kontrollmöglichkeiten bieten sich nur in der Auffassung als Wesenskräfte beim Menschen. Im charakterologischen Zusammenhang als Anlagen sind sie besonders abhängig von der Entwicklungsstufe zu denken, hervortretend in Erscheinungen, die großenteils die Parapsychologie beanspruchen. Fragwürdig ist jedenfalls die hybride Rolle, eintretend, wenn die Wesenskräfte des geschlossenen organischen Ganzen unzulänglich und lückenhaft gelebt wurden.

Wir setzen damit die transsaturnischen Elemente ⚷ , ♆ , ⊖ als *erweiterndes* Kräftesystem dem *engeren* Kräftesystem gegenüber, das die Elemente ☽ , ☿ , ♀ , ☉ , ♂ , ♃ , ♄ , die für die Lebensgestalt unerläßlich notwendigen Bildekräfte, umfaßt. Das Verhältnis der gleichnamigen Körper des Sonnensystems zueinander wurde andernorts in einer gestalt-theoretischen Untersuchung dargestellt.[11] Als Zusatz zu der auf Seite 73/74 gegebenen Aufstellung folgt:

Uranus MUTATION ⚷	= Spontaner Anstoß zur Umformung eines Gestaltbautypus, Entwicklungssprung, revolutionärer

		Impuls und intuitive Gewiß-heit.
Neptun Ψ	PARTIZIPATION	= Symbiose zwischen verschiedenen Arten und Seinswesen, wechselseitige Abstimmung in einer übergreifenden Harmonie, transzendentale Schau.
Pluto ⊖	METAMORPHOSE	= Radikaler Gestaltwandel mit zersetzenden und aufbauenden Erscheinungen, Verpflanzung in einen anderen Nährboden, Stilumbruch.

Im Menschenleben, den Bezirk einzelgeschöpflicher Notwendigkeit überschreitend, finden sich folgende Entsprechungen:

Bei ♁ sticht in der Oktavenbeziehung zu ☿ die *Überstufung von Verstand durch Intuition hervor.* Es ist aber nicht so, daß jeder jede mögliche Intuition haben kann. Die spontane Wesensschau, der erfinderische Griff, der Vorausblick in blitzheller Evidenz eines Sachverhalts, auch halbbewußte Ahnungen und Einfälle, denen wir fördernde Sprünge in der Geistesgeschichte, Entdeckungen und technische Verbesserungen verdanken, all dies steht im Verhältnis zur vorbereitenden oder kritisch überholte Methoden abbauenden Verstandesarbeit. Intuition ist aber nicht erlernbar wie Logik, sie braucht instrumentale Bereitschaft. Scheinbar zufällig entstehen Geistesblitze, die über wahrnehmbare Dinge und Situationen hinausgehen, umschwungbereite Aufwallungen ohne Definition des »Warum«, doch mit klarer Richtungsbestimmtheit. Als Negativum wirrköpfige Unberechenbarkeiten, Querstriche um des Protestes willen, rebellische Impulse, Unheil stiftende Kurzschlußhandlungen. In jeder Form eine Art synkopischer Abweichung vom Normalkurs, manchmal irrlichternd.

Bei ♆ handelt es sich in der Oktavenbeziehung zu ♀ um die *Überstufung individuellen Gleichgewichts durch universelle Harmonie.* Das Transzendentale bildet hier eine Quelle von Sehnsüchten, übersinnlichen Beglückungen und hellfühliger Schau, visionärer Gewißheiten und erlebter Allverbundenheit, aber auch von Vernebelungen, Täuschungen, Halluzinationen. In der Kunst die »Entstaltung« des Gegenständlichen und rational Faßbaren durch das Imaginative, vorwiegend Beziehung zur Musik, aber auch kitschige Entgleisungen. Bei allem ein Hintasten zum Verborgenen, Geheimnisvollen, das in außersinnlicher Wahrnehmung sich lichtet, das Vorhandene wird transparent für Geahntes. In minder entwickelten Fällen illusionistische Vorspiegelungen, Phantome wunschgesteuerter Prophetie, abgleitend in einen Okkultismus ohne Erfahrungskontrolle. Als Negativum Realitätsverschiebungen, Selbsttäuschungen bis zum Wahn, pervertierte Genüsse, Rauschmittel-Süchtigkeit, Deformationen des Weltbildes mit Abschweifen ins Grenzenlose.

Über ⊖ kann, wie gesagt, nur mit Vorbehalt gesprochen werden. Ein Überstufungsverhältnis zu ♂ im Sinne *überwertiger Energie* – solche, die in normalen Zielsetzungen nicht untergebracht werden kann, sich anstaut und bei außerordentlichen Anlässen entlädt, zuweilen fürchterlich bei unverdient von einer Obrigkeit zugewiesener Machtbefugnis – darf als ziemlich gesichert gelten. Doppelexistenzen werden hervorgebracht, manchmal werwolfartige Verausgabung rudimentärer Triebe gekoppelt mit äußerlicher Zivilisiertheit, »Berserkergänge« (es gibt auch geistige Amokläufer!). Bei gehobenem Niveau tendiert diese Wesenskraft zu unerwarteten radikalen Wandlungen, Verlagerung der Tatkraft in eine andere Dimension. Schicksalhaft unfreiwillige Verpflanzung an einen anderen Ort, in andere Lebensverhältnisse (Aussiedler, Flüchtlinge). Ungeachtet bisheriger Erfahrungen darüber sind vor allem prognostische Aussagen strikt zu vermeiden.

Bei diesen Wesenskräften liegen transzendentale Wahrheit und irrige Vorstellung nahe beieinander. Wer die Problematik des engeren Kräftesystems vernachlässigt, gerät ins Taumeln, bei Mängeln gesunder Selbstverwirklichung hält man leicht messianische Hoffnungen für höhere Offenbarungen. Zur Normaläußerung sei ein Satz von Palágyi angeführt: «Es ist, als ob die wirkliche Umgebung und eine geheimnisvolle Macht in uns fortwährend miteinander im Kampfe lägen, um unsere Phantasie an sich zu reißen.«

Nachfolgend eine Gegenüberstellung von Entsprechungen analog der auf Seite 76 gebrachten Elementarordnung des engeren Kräftesystems sowie der am meisten gesicherten »Oktavenbeziehungen«.

<table>
<tr><td align="center">⊙</td><td align="center">♄</td></tr>
<tr><td align="center">Inhalt</td><td align="center">Form</td></tr>
<tr><td align="center">Organik</td><td align="center">Tektonik</td></tr>
<tr><td align="center">Gestalter, Einrichter, Anordner</td><td align="center">Erbauer, Materialkundiger, Berechner</td></tr>
<tr><td align="center">organisierender Kern</td><td align="center">umschließende Schale</td></tr>
<tr><td align="center">innere Aufgabengliederung</td><td align="center">Gestaltetheit in äußerer Rücksicht</td></tr>
<tr><td align="center">freie Schöpfung</td><td align="center">zwangsläufige Konstruktion</td></tr>
<tr><td align="center">nur sich selbst gleich</td><td align="center">allgemeingültig</td></tr>
<tr><td align="center">ursprunghafter Ansatz</td><td align="center">gefolgerte Konsequenz</td></tr>
<tr><td align="center">aus sich ins Leben tretend</td><td align="center">durch Umstände bestimmtes Verhalten</td></tr>
<tr><td align="center">Ausgangspunkt einer Tätigkeit</td><td align="center">Niederschlag von Fremdwirkungen</td></tr>
<tr><td align="center">feuerflüssig</td><td align="center">versteinert</td></tr>
<tr><td align="center">Eigenmacht</td><td align="center">Schicksal</td></tr>
<tr><td align="center">immerwährende Gegenwart</td><td align="center">geschichtliche Folge</td></tr>
<tr><td align="center">spekulative Unbekümmertheit</td><td align="center">vorsorgende Erfahrenheit</td></tr>
<tr><td align="center">souveräne Behauptung</td><td align="center">erhärtender Beweis</td></tr>
<tr><td align="center">unternehmendes Vertrauen</td><td align="center">zurückhaltende Vorsicht</td></tr>
<tr><td align="center">Lebensmut</td><td align="center">Lebensangst</td></tr>
<tr><td align="center">Wagnis, bedenkenloses Tun</td><td align="center">Sicherung, bedachtes Unterlassen</td></tr>
<tr><td align="center">Zufallsbemeisterung</td><td align="center">Notwendigkeitsverrichtung</td></tr>
<tr><td align="center">Verantwortungsfreude</td><td align="center">Pflichtgebot</td></tr>
<tr><td align="center">auf eigenen Füßen stehend</td><td align="center">an Konventionen gebunden</td></tr>
<tr><td align="center">spezifischer Eigenwert</td><td align="center">statistischer Massendurchschnitt</td></tr>
<tr><td align="center">Selbstverschwendung</td><td align="center">Selbstbeschränkung</td></tr>
<tr><td align="center">Spielsituation, Annahme</td><td align="center">sachlicher Ernst, Feststellung</td></tr>
<tr><td align="center">»als ob«</td><td align="center">»das ist«</td></tr>
<tr><td align="center">Keim zu Künftigem</td><td align="center">Extrakt aus Vergangenem</td></tr>
<tr><td align="center">Wesenskern</td><td align="center">Konzentrations-Schwerpunkt</td></tr>
<tr><td align="center">Ausstrahlung der Eigenwürde</td><td align="center">Attribute sozialer Ehre und Geltung</td></tr>
<tr><td align="center">lebendige Autorität</td><td align="center">formulierter Befehl</td></tr>
<tr><td align="center">gebietender Anspruch</td><td align="center">Gehorsamsregel</td></tr>
<tr><td align="center">Herz und vitaler Beweger</td><td align="center">Skelett und gesetzmäßige Formel</td></tr>
</table>

eines Ganzen

⊙

Machtzentrum
Regierung
Befehlsgewalt
Repräsentant eines Ganzen
befruchtende Anregung
wesentlich, eigentlich, gestaltgebend
anstoßgebende Selbstgewißheit
spendend
eigenständig
Willensgespanntheit
Antriebskraft eines Geschehens

☽

Resonanzraum
Volk
Gefolgschaft
Vielgestalt, ganzheitliches Leben
entfaltete Fruchtbarkeit
wesenlos, nachahmend, formbar
hingebende Bereitschaft
empfangend
angelehnt
Gefühlsauflockerung
rhythmisches Ebben und Fluten

der Lebensführung

♄

Alter
Endstufen
Resultat aus Verflossenem
Gewordenheit
Präzedenzfall
Erfahrung
geschichtliche Fixierung
trocken, gefestigt, verhärtet
konsequent
angehäuftes Wissen
grundsatztreu
belastet
verschlossen, unzugänglich
Eindeutigkeit
Tatsache und Struktur

☽

Jugend
Anfänge
unvoreingenommener Neubeginn
Werden
Möglichkeit
Ahnung
Voraussetzungslosigkeit
flüssig, gelockert, gelöst
unbestimmt
einfallsreiche Naivität
lebensangepaßt
unbeschwert
aufgeschlossen, einfühlsam
Vieldeutigkeit
Symbol und Stimmung

der Wirklichkeitsbeziehung

♂	♀
Aktivierung	Harmonisierung
Leistungs-Auslese	Beziehungs-Gleichgewicht
kräftigende, stählende Übung	schmückende, verschönernde Künste
Daseinskampf, Arbeitsintensität	Daseinsgenuß, Geschmackskultur
energiemäßige Steigerung	ordnende Proportion
Spontaneität	Rezeptivität
Handeln aus eigenem Trieb	Gewähr oder Ablehnung fremden
	Begehrs
anspornende Unruhe	zustandhaftes Beruhen
herausforderndes Verlangen	behagliche Reizverehrung
Aggressivität, zeugende Kraft	Kontakt, Aufnahme von Anregungen
mitreißende Leidenschaft	bindende Liebesempfindung
vorstoßende Gewalt	Rückwirkungs-Ausgleich
Feind-Spannung, Krieg	Freund-Unterstützung, Frieden
Zerstörung	Vertrag
Einbruch in bestehende Bindungen	Zusammenhalt von Auseinanderstre-
	bendem
Erreger	Beruhiger
aussondernde Initiative	verbindender Takt
Sturm und Drang	Lockung und Lust

des Augenblicks

♃	☿
Sinn	Zweck
Frucht des Ganzen	Nutzen im Einzelnen
verschwenderisch	haushälterisch
Wohlfahrt, produktive Fülle	Vorteil, betriebsamer Umsatz
loyale Pflege von Werten	gewinnbringende Auswertung
Pathos	Ironie
planender Weitblick	berechnender Scharfblick
Extensität des Ausschwungs	intensive Interessenverfolgung
Reichtum und Überschuß	Ersparnis und Mindestertrag
Luxus	Bedarf
gläubige Begeisterung	kühle Skepsis
organische Höchstforderung	sachlicher Maximalfortschritt
Besonnenheit, Reife	Neugier, Lernen
Weisheit	Wissen
Vernunft	Verstand
Einheit polarer Gegensätze	Spaltung in logische Widersprüche
Synthese	Analyse
Sinnzusammenhang	Detailbeschreibung
Werben um Überzeugung	Mitteilung und Überreden
mehrseitige Vollendung	einspurige Fertigkeit
Gegenstand der Verehrung, Kult	Gebrauchsgegenstand, Industrie
Ausmaß der Eroberung	Einschränkung auf Genauigkeit

der Blickweise

<table>
<tr><td align="center">☿</td><td align="center">♁</td></tr>
</table>

Evolution	Revolution
schrittweises Vorgehen	sprunghaftes Verändern
stetige Entwicklung	Mutieren
allmähliche Wendungen	plötzliche Schwenkungen
angepaßter Ausbau	radikale Neukonstruktion
Präzision der Einzelzwecke	Stimmigkeit im Gesamtzweck
Differentialspannung	Integralspannung
das Naheliegende	das Fernstmögliche
folgerichtig erschließbares Moment	unerwartete, abrupte Tatsächlichkeit
kluge Situationsbeherrschung	Geistesgegenwart in kritischer Lage
Intelligenz	Erfindergeist
Einfall	Fund
Punkt-auf-Punkt-Logik	Logik der springenden Punkte
rationale Richtigkeit	irrationale Gewißheit
Sprechen, verständige Mitteilungen	Einsprechung, inspirative Offenbarung
Intellekt	Intuition

als geistige Stufung

Nicht alles kommt in der Praxis zur Geltung. Bei der Wechselseitigkeit jeweiliger Beziehungen kehren sich zwei Wesenskräfte je nach Art der Verbindung ein bestimmtes Gesicht zu. Von den später unter »Aspekten« behandelten Beziehungsformen bringen vorzugsweise die »Oppositionen« zum Vorschein, was soeben genannt wurde. Anderer Art als diese extremen Gegenüberstellungen, sind die Entsprechungen bei den »Oktaven« als Überstufungen zu sehen.

Entsprechungen für das Verhältnis von ⊖ und ♂ anzugeben, wäre verfrüht, da eigener Beobachtung kein Zusam-

♀	♇
Augenschein	Ahnung
sinnliche Anschauung	außersinnliche Schau
empfindungsmäßiges Angerührtsein	visionäres Durchdrungensein
Ästhetik des Sicht-, Hör- und Tast-baren	Ästhetik des Paranormalen, Medialen
Reizwahl, Wohlklang	Berauschung, Schauder
Geschmacks-Kultivierung	Geschmacks-Extravaganz
bildnerische Kunst	imaginative Kunst
formklares Maß, Motivgemäßheit	stimmungsmäßige Deformierung
Schmuck, Ornament	Aura, Atmosphäre
leiblicher Eroskontakt	kosmogonischer Eros
Welt faßbarer Proportionen	Welt hypothetischer Zusammen-hänge
Harmonie des in sich Geschlossenen	Einklang des Universellen

als ästhetische Stufung

menhang suggeriert werden darf, bevor er völlig sicher steht. Außerdem ist die Streuung im konkreten Leben hier noch größer. Überhaupt wurden die Entsprechungen in ihrer Vielzahl keineswegs erschöpfend benannt, kommen ja noch weitere Deutungselemente zu den Wesenskräften hinzu: ihre Abwandlung in zwei kreisläufigen Systemen und die besagten aspektmäßigen Beziehungsformen. Dies macht den Inhalt der folgenden Kapitel aus.

In bezug auf die praktische Anwendung der Theorie und der den Elementen gemäßen Kombinationsmethode verweise ich auf mein Lehrwerk.

5
DER LEBENSKREIS

Planeten als Kennmarken bestimmter Anlagen, unterschiedlich verteilt im Sichtkreis, gelten im Kosmogramm als Strukturglieder der Charaktere. Jeder Mensch hat dieser Art ein angeborenes und bleibendes Kräftegefüge. Ein angeborenes und bleibendes Gefüge wesensbildender Kräfte fehlt im Entwurf der meisten psychologischen Lehren und zeigt den Charakter anders gestaltet. Weder ist er, so gesehen, eine *Reaktion auf Umwelteindrücke,* noch ist er lediglich eine *Summe ererbter Merkmale.* Die im Einklang weiterzeugenden Lebens mit dem Kosmos entstandene Ordnung schöpferischer Potenz, die wir Kosmotypus nennen, ist ein Filter zur Assimilierung von Umwelt durch die Erbsubstanz, ein Umformer des Erbes zur umweltlichen Betätigung. Das Zusammenwirken von Erbe und Umwelt gemäß dieser Ordnung verwirklicht die individuelle Ganzheit. Beim unfertigen, doch entwicklungsträchtigen Seinstypus, dem Menschen, ist Leben nach Simmels Worten ein »Drang, mehr Leben zu haben«. Dies und die Ungleichartigkeit der Strukturen schafft immer neue und unterschiedliche Entsprechungen der überdauernden Prinzipien. Jener Drang kann von da aufwärts oder abwärts führen, der Entscheidungskampf um sich als Mensch bleibt keinem erspart, und jeder trägt die Verantwortung für sein Menschsein.

Sind aber die Formen des Handelns und die Ziele des Strebens restlos durch Wesenskräfte beschreibbar? Die mythologischen Gestalten, die als Personifikationen der Kräfte bezeichnet werden, verhalten sich eindeutig in typischen, wiederkehrenden Verhaltensformen und drücken darin etwas allen Menschen Gemeinsames aus. Doch der individualisierte Mensch lebt seine »marsischen« und »venusischen« Anlagen eben nicht nur in der Art von Ares und Aphrodite und keineswegs reduziert auf das Geschlechtliche, wenn wir nicht die Doppelung des kosmischen Geschlechts in jedem von uns meinen. Auch leben wir nicht mehr in der homerischen Zeit, und hundert Jahre nach uns kleiden sich unsere Probleme anders ein. Die Unzahl von Entsprechungen jeder Wesenskraft erschiene als eine Aufsplitterung ins Maßlose, wären nicht die Varianten zusammengefaßt durch ein allgemeines *Gesetz des Lebenmüssens und -könnens in der Welt*, von dem jetzt die Rede sein soll.

Wir sprechen von Prinzipien, denen *alles Lebende* unterworfen ist, indem jedes Wesen durch *Begegnung mit Anderheiten* sich erhält, in Gefahren verstrickt oder fördernd angeregt wird und nur so sich entwickeln kann. Das erwähnte Gesetz beruht also auf der einfachen Tatsache, daß kein Organismus völlig selbstgenügend leben kann. Er ist empfänglich und tätig in Beziehung zur Umwelt und braucht sie. Beständig wird er von anderen beansprucht, wenn nicht herausgefordert, anderseits angelockt und befriedigt, er richtet sich seinen Bedürfnissen folgend nach außen und zieht sich bei Sättigung zurück. Aktuell und situativ läuft das Leben bestimmbar aus dem jeweiligen Ich- oder Du-Punkt des Geschehens, die Besonderheiten einzelner Prozesse eingebettet in das Allgemeine aller Vorgänge.

In solcher allgemeinverbindlichen Form liegt dreierlei. Erstens: das Lebewesen muß bei jeder Art von Begegnung und Sachlage zum Ursprung seines Tätigseins zurückfinden. Insofern hat jedes Geschehen eine *Kreisläufigkeit*. Zweitens: so unterschiedlich die einzelnen Vorgänge und angezielten oder herantretenden Dinge sein mögen, Aktion und Reaktion bestimmen sich aus gesamtorganischen Notwendigkeiten. Insofern hat jede einzelne Geschehensform eine *Ganz-*

heitsbedeutung. Drittens: handelt es sich um eine in einem größeren Ganzen einbeschlossene Ganzheit, so steht zu vermuten, daß es nicht nur Bedeutungen für das Einzelwesen sind, sondern das umschließende Ganze im Prinzip der Bezüglichkeit darin enthalten ist. Insofern ist jede Einzelheit im erweiterten Sinn als *pars pro toto* (das »Teil für das Ganze« der Bezüglichkeit) zu verstehen.

Wenden wir dies Gesetz auf den Einzelmenschen an, so sind alle Phasen des kreisläufigen Geschehens im Prinzip der *menschheitlichen* Bedeutung, ferner, da die Individualstruktur in Analogie zur geozentrischen Lage des Sonnensystems steht, im Prinzip einer *kosmischen* Bedeutung zu sehen. Es müssen Prinzipien gefunden werden, die alle vorkommenden Einzelvorgänge eingefügt in allgemeinmenschliche und kosmische Bedeutung verstehen lassen.

Ein uraltes Problem. Verschlüsselt liegt es in Symbolen wie dem Uroboros, der Schlange, die sich in den Schwanz beißt. Gesucht wurde ein notwendiges Mitmüssen – oder auch Anderskönnen – im Preisgegebensein an die »Zufälligkeiten der Welt« beim unendlichen Weitergang des Geschehens. Die Konsequenzen gemachter Erfahrungen münden ja immer wieder in den Ausgangspunkt der Handlungen. Könnte man nicht daraus lernen für künftige Taten, kann man nicht wiederkehrenden Bedrohungen und Unbilden vorbeugen? Dem sieghaften Lebensdrang müßte es doch möglich sein, Unerträgliches der übergreifenden Bedingtheit des Daseins passend zu machen! Oder muß sich der Mikrokosmos dem vom Makrokosmos gesetzten Fatum beugen und anpassen, damit die universelle Harmonie stimmt? Das Leben geht weiter, mögen die Ereignisse auch allem, worauf wir Wert legten, widersprechen. Noch die Selbstausstreichung ist eine Tat – dessen, den das Leben nicht mehr lebenswert dünkt –, und »Askese um eines höheren Sinnes willen« ist etwas, was der Mensch dem Tiere voraushat. Wenn das Voranschreiten im Kreislauf des Lebens immer *dieselben Prinzipien* enthält, ist dies dann eine *absolute Wiederkehr des Gleichen,* ungeachtet technischer Verbesserungen der Daseinsweise? Vor dieser Problematik stand und steht der Mensch.

Als »Kreis der Kreise« mit Phasen, die sich zum Ganzen runden, galt seit je der Zodiakus – ein Wort, das Kepler von zodion = Bildchen ableitete –, der nach den Anschauungen der Völker des Altertums bebilderte Tierkreis. Die Bilderkreise der Frühkulturen sprechen ein *Bedürfnis seelischer Tiefenschichten* an, das wir von den Mandalazeichnungen in der heutigen Psychotherapie kennen: erlebte Widersprüche des Lebens runden sich auf in einem *System der Zusammengehörigkeit von Gegensätzen,* ausgedrückt in Kennworten oder bedeutungshaltigen Bildern. Dies auch bei weit ausgreifender Sicht mitsprechende Bedürfnis veranlaßte selbst Goethe in seinen späten Jahren zur Forderung: »Das Alphabet des Weltgeistes zu finden«, »Formeln«, die »sich dartun als die geheimnisvolle Mitgabe einer höheren Macht«.[12]

Astrologiegeschichtlich wurde der Tierkreis verknüpft mit der scheinbaren Sonnenbahn, der Projektion des jährlichen Umlaufs der Erde um die Sonne. Dies war richtig, aber damit zog der Irrtum ein, die gedeuteten charakterologischen Eigenheiten hätten wir Einflüssen aus der betreffenden Weltraumrichtung zu danken, etwa Strahlungen der Sterngruppen, welche die Ekliptik umsäumen. Die Unsinnigkeit dieser Einflußtheorie erhellt schon daraus, daß die Tierkreisbilder gar keine zusammenhängenden Sterngruppen, sondern perspektivische Gebilde, nur für unser Auge gültig und von ungleicher Länge sind (20–45 Grad), während die zu rechnenden Abschnitte genau je 30 Grad betragen. Die einzelnen Fixsterne, die diese Figuren bilden, liegen in der Raumtiefe zuweilen Tausende von Lichtjahren voneinander entfernt. Mit dieser Richtigstellung entfällt auch der Einwand der Präzession, einer Rückwärtsbewegung des Frühlingspunktes (Tag- und Nachtgleiche im Frühjahr) gegen die traditionelle Folge der Sternbilder, deren Namen man zur Benennung der 12 Segmente beibehielt.[13]

Gegenüber dem Kausalismus der Einflußtheorie ist folgendes zu erwägen. Werden Phasen eines Ablaufs konkreter

Geschehnisse in ein zahlengeordnetes Schema gefaßt, so enthält das Schema zweierlei: einerseits die mit den Zahlen ausgedrückten *Ordnungskonstanten,* anderseits die in Erscheinung tretenden unterschiedlichen *Dinge und Vorgänge.* Daraus wird sich uns später ein erkenntnistheoretisches Problem ersten Ranges aufrollen, das Problem, wie Ordnung und Regellosigkeit eine Verbindung eingehen, ja sich decken können. Bevor die Voraussetzungen zur Lösung dieses Problems erarbeitet werden, sei uns hinsichtlich der Zahl bewußtgemacht: die Zahl spielt bei der *Deutung* des Kosmogramms eine andere Rolle als bei der rechnerischen *Ausmessung* der Positionen. Zu deuten ist die Anordnung von Anlage-Elementen – deren Gehalte empirisch feststellbar sind –, ihre *Proportionierung.* Diese in Zahlen ausdrückbaren Grundverhältnisse können nicht von vitalen Vorgängen und diese nicht von Ordnungszahlen, nicht das Diskontinuierliche vom Kontinuierlichen und umgekehrt, abgeleitet werden. Faktisch jedoch ist der fließende Ablauf des Jahres eingehängt in eine astronomische Ordnung. Das Jahr gliedert sich durch die beiden Tag- und Nachtgleichen im Frühjahr und Herbst sowie die beiden Extreme der Tag- und Nachtlänge im Sommer und Winter. Dies ist der Rahmen zum Einbau einer ebenso *vierfach gegliederten Phasenordnung* in das Jahr, die als »astrologischer Tierkreis« auftritt. Letzteres gilt analogiehaft, nicht kausal wie die Abwicklung der Jahreszeiten, ihre Verschiedenheit in den geographischen Breiten und ihre Umkehr auf der Nord- und Südhälfte der Erde.

Gleiches ist vom Tageslauf zu sagen, bezogen auf einen bestimmten Ort auf der Erdoberfläche. Er gliedert sich nach den Schnittpunkten des Horizonts und des Meridians mit der Ekliptik. Dies sind im Tageslauf die vier Punkte des Sonnenaufgangs, des Mittagsstands der Sonne, des Sonnenuntergangs und des Mitternachtsstands der Sonne. Auch darin ist der besagte »Kreis der Kreise«, den wir Lebenskreis nennen, eingehängt mit den vier Eckpunkten des astrologischen Häusersystems, ohne daß dessen Inhalte ableitbar wären aus Wirkungen der Sonne.

Die zur Diskussion stehende Gesetzmäßigkeit, welche aus der Auseinandersetzung des Organismus mit der Welt, in der er lebt, hervorgeht, tritt nun astrologisch in doppelter Form auf, als Tierkreis und als Häusersystem. Dies entspricht einem Zweierlei in der Individualisierung. Zu unterscheiden sind Varianten des *Ausdrucks* der Kräfte und Variationen ihrer *Richtung*. Man kann auch sagen: es gibt eine *organisch natürliche Weise des Verhaltens* (Tierkreisprinzipien, den Wesenskräften näher) und *spezifisch menschliche Zielsetzungen des Interesses* (Häuserinhalte, wobei der Eindruck und der Einfluß der Umwelt stärker mitspricht). Der Mensch kann sich so oder so verhalten, kann diese oder jene Ziele ansteuern bzw. bestimmte Dinge bevorzugt auf sich wirken lassen. Dies erfolgt nach der astrologischen Behauptung gemäß der Stellung von Planeten in zwei kreisläufigen Systemen. Wenn also von Geburt an die Auseinandersetzung mit der Welt in dieser oder jener Weise determiniert ist, teilt sich die Festlegung in eine solche des Verhaltens und der Interessen auf. Verifizierbar wird dies durch Stellung von Planeten im Tierkreis und im Häusersystem. Da diese beiden »Kreise« in jedem Zeitpunkt ineinanderschalten, muß die einem Planeten entsprechende Wesenskraft sich sowohl *ausdrucksgefärbt* als auch *richtungsbestimmt* äußern. Nochmals unmißverständlich gesagt: dies hat mit dem Umlauf der Erde um die Sonne und der Umdrehung um ihre eigene Achse zwar *rechnerisch* zu tun, rührt aber *inhaltlich* nicht von Jahreszeiten oder Lichtstunden her.

Wenn wir mit dem Tierkreis als der Sphäre des Ausdrucks beginnen, so sei nicht verkannt, daß auch Klages den Charakter von der Ausdrucksgestalt her zu erfassen suchte. Aus einer Art Morphologie der Handschrift, des Schriftcharakters, schloß er auf Verhaltensweisen. Indem er dem Leben im Erspüren der schreibenden Hand nachging, merkte er, der Kreislauf des Lebens ist künstlerischer Schau zugänglicher als streng wissenschaftlicher Analyse des empirisch Gegebenen. Nicht ohne Grund griff die alte Wesensschau zu »Bildern« und verstand die Abschnitte des Tierkreises als »Zeichen«. Aus denselben Tiefen gestaltet Kunst als unmittelbarer Ausdruck des Weltgefühls der Seele, besonders in den wortlosen Kunstgattungen, ansetzend in seelischen Regungen weit unterhalb der Schicht verbaler und logischer Erklärungen. Gegenständlichkeit, wenn zur Andeutung von Inhalten benötigt, ist wie im Traum *symbolisch* einbezogen, und künstlerische Logik besteht in Formgesetzen des »Zur-Anschauung-« oder »Zu-Gehör-Bringens«. Derartige symbolische Gehalte und ihre Prinzipien werden hier gesucht als das *ganzheitliche Verhalten zum Weltgegebenen* bestimmend. Es sind keine Oberbegriffe einer Welt des »analytisch Allgemeinen« (vgl. Seite 42), sie bedürfen des intuitiven Erfassens, der Verstand kann nur Brücken schlagen.

Stets, auch bei vorheriger begrifflicher Stellungnahme zu den Dingen, wird ein Handeln in Beziehung zur Umwelt *spontan, impulsiv* ausgelöst. Der Ansatz kann dem Augenblick entspringen, oder längst Vorbereitetes kann zur Tat werden; er kann in blinder Eigenstirnigkeit erfolgen oder durchdachte Reaktion auf etwas Wahrgenommenes sein, ein Reizwort beantworten oder eine sich bietende Gelegenheit beim Schopf ergreifen, immer, sogar beim Mitspielen fremder Beeinflussung, ist es *tätiges* Verhalten, *ichverantwortlich.* Wir pflegen das wollende Ich gern als eine bleibende Wesenheit zu betrachten. Trotzdem kann dies Wollen gestern anders gewesen sein als heute und morgen vielleicht nochmals anders aussehen. Genaugenommen dürfen wir grundsätzlich nur vom jeweiligen *Aktualitätsbewußtsein,* identisch mit einem Wollen, sprechen. Was wir Ich nennen, ist prinzipiell *reine Tätigkeit,* ohne Garantie bleibender Absichten, am ungetrübtesten in Kurzschlußhandlungen und am wirkungskräftigsten im Anlauf, in kurzfristigen Unternehmungen. Nur per definitionem identifizieren wir uns mit einem früheren Zustand dieser Art. Wir denken uns dann das Ich kontinuierlich weitergeführt, auch bei veränderten Anschauungen und obzwar vielleicht alle Zellen des Körpers inzwischen ausgewechselt sind. Das spontane Tun hängt jedenfalls primär nicht von den Inhalten des Bewußtseins und der körperlichen Basis ab. Auch unbewußt ausgelöste und erst im Tun bewußt werdende Handlungen tragen diesen Stempel des Ichhaften. Dies Prinzip wird der Tradition folgend »Widder« benannt, mit dem Sinnzeichen ♈. Der astrologische Ausdruck »Widderpunkt« meint den Anfang des Tierkreises.

Es ist das *ichbetonteste* Prinzip, dasjenige einer auf sich gestellten *Eigentätigkeit.* Im Sinne der Gegenüberstellungen im Tierkreis würden wir aber fehlgehen, glaubten wir seinen Gegenspieler in bloßer Verneinung, im ichlosesten Prinzip zu finden. In der Stufenfolge des spontan ausgelösten Geschehens geht der Kreis von »Widder« = ♈ bis »Fische« = ♓ , dem Prinzip letzter Aufhebung ichhaften Wollens. Nicht also der Wortgegensatz gilt hier, sondern die polare Ergänzung des Ich-Impulses in der angestrebten oder herantretenden Anderheit, dem Prinzip der *Du-Betonung* und darin des Auswägens der Reizüberflutung, mit traditionellem Namen und Sinnzeichen »Waage« = ♎ . In der Kreisfolge kann allerdings auch die Anderheit den Anfang bilden, es kommt darauf an, wie *Anruf und Antwort* im Verhältnis von Zeichen und Gegenzeichen liegt. Vom Anderssein des anderen, des Partners oder des Mitmenschen überhaupt, auch von einem »Ideal des Menschen«, kann ebensowohl die Anregung zur Tat ausgehen, die »Aktion« ist dann »Reaktion«, subjektive Antwort auf etwas objektiv Vorhandenes bzw. einen objektiv sich gebenden geistigen Anruf. Der Reiz des *Andersseins* bestimmt dann als *Herausforderung* den Geschehensverlauf.

Derartige wechselseitige Zusammengehörigkeit finden wir bei allen Gegensatzpaaren der Prinzipien im Lebenskreis.

In bezug auf das Verhalten erwarten wir bei Einstellung auf das Gegenüber des Tierkreisbeginns, den »Waagepunkt«, etwas Gegensätzliches zum spontanen Anlauf: ein Prinzip des entgegenkommenden, weltoffenen, sinnlich anregsamen sowie geistig empfänglichen, leicht reagiblen Verhaltens. Der so geartete Mensch ist durchweg reizbestimmt, läßt sich lenken durch die jeweilige Lage, ohne das Gleichgewicht zu verlieren. Seine Haltung wird im Gespräch zweifellos diplomatischer sein als die seines Gegenspielers, der öfter »mit der Tür ins Haus fällt«. Vorrangigkeit hat die Eindrücklichkeit des begegnenden Anderen, der Umgebung, der besonderen Situation. Gegenüber der *Stoßkraft im subjektiven Vorgehen,* woraus bei ♈ eine »Scheuklappenhaltung« kommt, regiert bei ♎ die *Zugkraft der Objekte.* Kontakt mit Bezugspersonen, Gemeinsamkeiten wirken hier auflichtend, harmonisierend. Einem Bedürfnis nach Gebrauchtwerden, das Erfüllung bedeutet, entspricht Bereitschaft und Darbietung. Diesem anschlußsuchenden Verhalten steht bei ♈ die »splendid isolation« gegenüber, die zu seiner Stärke gehört.

Es entstand das Gegensatzpaar ♈ – ♎ , dessen Eigentliches sich in der akuten Begegnung offenbart und darin Widersprüche, aber auch Ergänzungen bloßlegt. Bei planetarer Besetzung beider Abschnitte in einem Kosmogramm – um einem Anwendungsfall der Praxis vorzugreifen – wirkt sich demgemäß *Spontaneität* in einer Hinsicht zusammen mit *Rezeptivität* in anderen Angelegenheiten aus, eine Gegensatzspannung in einem und demselben Menschen (besonders natürlich bei genauer Planetenopposition, vgl. das Kapitel »Interstrukturelle Beziehungen«). Es ergibt sich ein widersprüchliches Verhalten, indem etwa der Betreffende dringende Vorhaben verfolgt und zu gleicher Zeit den Bedingungen des Angezielten gerecht zu werden versucht, dadurch natürlich oft gestört, abgelenkt wird. Er ist sozusagen Subjekt und Objekt in einer Person, manchmal hin und her getrieben. Unterstreichen die beiden Prinzipien jedoch die Verschiedenheit zweier Menschen, so geht es zwischen ihnen oft turbulent zu, wenn auch hie und da das Verständnis herüber und hinüber blitzt, oder aber – je nach Niveau und Temperament – die Gegensätze sperren sich zu flauer Unentschiedenheit, wenn keine Synthese gefunden wird.

Diese beiden Prinzipien sind auf besondere Vorgänge und Situationen abgestimmt. Ihr Unterschied tritt von Fall zu Fall immer wieder anders hervor. Einem derart lebhaft und rasch aufflammenden Ausdruck stehen zwei Prinzipien mehr verhaltenen Ausdrucks gegenüber, einer Dauerhaltung oder langwieriger, komplex bestimmter und daher weniger durchsichtiger Vorgänge. Eine Achse des *Allgemeinen* steht gewissermaßen quer gegen die Achse des *Besonderen*.

Zwar greifen diese Begriffe ineinander gemäß einem Wort Goethes: »Das Besondere ist das Allgemeine, unter verschiedenen Bedingungen erscheinend«. Doch eben solche verschiedenen Bedingungen stehen hier zur Diskussion, wo die *Physiognomie* des Geschehens betrachtet wird. Wohl spielt in jeden besonderen Vorgang die Allgemeinlage hinein, und keine Einzelheit vermag das Ganze auszuschöpfen. Es gibt aber Veranlagungen, die einzig diesem Blickpunkt des »Jetzt und Hier« gehorchen, und andere, welche dieselben Tatsachen aus allen der eigenen Organisiertheit möglichen Blickpunkten anvisieren oder sie im Licht objektiv allgemeingültiger Gesetzlichkeit zu sehen trachten. Ihnen übersetzt sich das »Jetzt und Hier« in ein »Da und Dort« mit dementsprechendem »Früher oder Später«. In der Auseinandersetzung mit der Welt muß sich dadurch das Verhalten ändern. Spontane Absichten werden gelegentlich unterdrückt zugunsten breiter angelegter Vorhaben.

Was man als zu sich gehörig *bejaht* oder, dem eigenen Wesen fremd, *verneint,* ermittelt sich nicht aus einem momentanen Impuls oder Reiz. Es braucht Betrachtung von vielen Seiten und Bestätigung aus dem unbewußten *Selbstsein,* der Verwurzelung des Lebenshungers allein in sich. Alle Wurzeln verrichten ihre Arbeit im Dunkeln. Um dieses Selbstseins inne und gewiß zu werden, sucht man Anklang und Verständnis bei Verwandtem – Bluts- oder Wahlverwandtschaft –, bedarf einer gewissen Geborgenheit zur Entfaltung der eigenen Atmosphäre aus dem Urgrund. Entfernt man sich, aus Fernweh und der Einfühlung in verwandt Gewähntes folgend, allzuweit, so entsteht Selbsttäuschung und Nachahmung. Anders als das von Fall zu Fall autoritär sich behauptende Ich lebt das Selbst in ständigem Bemühen um Rechtfertigung des Soseins. Der Mensch hält an im Lauf zur Besinnungspause, worin er sein Tun vor den eigenen Richterstuhl zerrt und dann den Faden neu aufgreift. Erahntes will dadurch zur Klarheit kommen, Fremdes beseitigt

werden. Solches Rückwärtsgehen sowie die aufgedeckte Viel-
gegliedertheit des Wesens, das zum Schutz seiner Weichheit,
Beeinflußbarkeit und Verletzlichkeit notgedrungen sich
einen Panzer gegen Überraschungen anschafft, trugen wohl
bei zum Bilde »Krebs« für dies Verhaltensprinzip, während
man das aufkeimende Leben und die Selbstbefruchtung darzustellen suchte im Sinnzeichen ♋. Seine Suchkurve wählt
immer den Weg des geringsten Widerstands und der Wachs-
tumsreize; sie ist weniger direkt, raschfertig draufgängerisch,
gradlinig in einem Vorhaben wie ♈ , sondern umwegiger
und skrupelhafter, oft schüchtern im Ansatz, aber zäh durch-
haltend in der Verwirklichung eines Herzensanliegens.

Knochenharte Tatsachen muß in Rechnung setzen,
Romantik und Schwärmerei vermeiden, wer die Welt im
äußeren Aspekt meistern will, im Rahmen realer Zielsetzungen, summarischer Ansprüche, unübertretbarer Gesetze. Vor
dem Gültigen gibt es kein Ausweichen ins Mögliche, die Prä-
zision der Schalthebel duldet kein Ungefähr. Mit beiden Bei-
nen stellt man sich daher auf den Boden, der Erfolg in reali-
stischer Selbstverwirklichung verspricht, Grundsätze und
Normen des Miteinanders, die Traditionen festgefügter Verhältnisse beachtend. Eigenwilligkeit wird abgesagt unter dem
Druck des Pflichtgefühls. Der Lebensweg ist ein vorsichtiges
Aufwärtsklettern, was zum Bilde »Steinbock« – Sinnzeichen
♑ – führte. Hindernisse bewirken kein selbstsuchendes
Zurückgehen wie bei ♋, sondern fordern auf zu mühevol-
lem Wegschieben auch schwerster Widerstände, wenn
unmöglich, geduldigem Warten auf deren Fortfall, auf »besseres Wetter«. Infolgedessen kommen Zeiten der Stagnation
vor, worauf, angepaßt an sachliche Bedingungen, derselbe
Plan weiter verfolgt wird. Meist sind es Ehrgeizziele, denn
das Geachtetsein durch andere steht im Selbstwertgefühl
obenan, viele verschreiben sich äußeren Ehrungen und ihren
Attributen, Titeln und Auszeichnungen, doch Innerlichen
genügt ehrenhaftes Handeln, Rechtschaffenheit. Das Verhalten wird in anderer Weise wie bei ♋ zum Prüfstein der
Gesinnung, es geht um Verläßlichkeit der Grundsätze. Ver-

säumnisse können sich bedrückend in Schuld- und Insuffizienzgefühlen, vom Unbewußten her in Depressionen auswirken; das im Gedächtnis Bewahrte lastet sich der Vorsorge an. Stetigkeit und Ausdauer bewähren sich in langfristigen Vorhaben.

Auch bei diesem Gegensatzpaar drängt sich wechselseitige Ergänzung auf: formbare Selbstwerdung im lockeren Spiel der Möglichkeiten, Ertasten seiner Melodie mit Eigenmoral und Rhythmus einerseits, sowie andererseits ernster Nachdruck im objektiv Gewichtigen, Formgewordenen, der Gesellschaftsmoral und im Takt der Tatsächlichkeit, mehr holperig oder zähflüssig durchgesetzte Geltung.

Natürlich körpert sich nie das reine Prinzip ein. Abgesehen von seiner Einkleidung in eine niveaumäßige und temporäre Entsprechung wird jedes Prinzip verschieden betont durch die Planetenstellung im betreffenden Abschnitt, es ist von unterschiedlichen Wesenskräften durchpulst zu denken. Benannt ist mit der Quadrantenstellung – die in den vier vorgeführten Prinzipien angeschnitten wird – eine bestimmte und unverkennbare Abwandlung des Ausdrucks, in welcher die vom Planeten angedeutete Wesenskraft sich äußert. Beispiel: in jedermanns Kosmogramm steht ♂, dementsprechend wird man aktiv, doch aktive Entäußerung kann ich- oder dubezüglich, selbst- oder weltbezogen sein. Dies besagen die Elemente ♈ oder ♎ , ♋ oder ♑ . So äußert sich jede Wesenskraft in abgewandelter Weise, und alle Wesenskräfte zusammen ergeben ein gemischtes Gesamtbild, das wir beschreiben können, wenn wir die Elemente aus der Logik ihrer Stellung im Ganzen erkannt haben.

Im bisherigen schnitten wir die vier Hauptpunkte (Kardinalpunkte) des Lebenskreises an, durch die er sich in vier Bezirke (Quadranten) gliedert.

$$\text{ICH} \quad \frac{\text{IV} \mid \text{III}}{\text{I} \mid \text{II}} \quad \text{DU}$$

WELT (oben) / SELBST (unten)

Die horizontale Achse des Besonderen wird vertikal durchkreuzt von der Achse des Allgemeinen.

In der so entstandenen Quadrantenordnung ist das spezifisch Menschliche unterströmt zu sehen von biologischen Allgemeinbedeutungen, wie sie auch Jakob von Uexküll als Quaternität im tierischen Dasein sah.[14] Im astrologischen Tierkreis bestimmen sich Quadranten rechnerisch, wie gesagt, aus den vier Wendepunkten des Jahreslaufs, den Punkten der Tag- und Nachtgleichen wie den Punkten der extremen Tag- und Nachtverschiedenheit. Diese Punkte geben jeweils den Beginn eines Quadranten an. Der thematische Inhalt jedes Quadranten wird eingeleitet mit den Prinzipien ♈, ♋, ♎, ♑, und dies dominiert im ganzen Bezirk – mit folgender Ergänzung.

Quadranten eines und desselben Kreises, dies verlangt ein Überdenken ihres Zusammenhangs. Der zusammenhängende Ablauf stellt sich her durch eine weitere Aufgliederung. Außer der schon dargestellten *Hineinführung* in die thematische Eigenheit der Quadranten ist die *Festigung* dieser Eigenheit in Betracht zu ziehen sowie ihre bewegliche *Durchführung*, innerhalb welcher sich zugleich die Überleitung zum nächstfolgenden Quadranten vollzieht. Dies Dreierlei bestimmt, was in der astrologischen Tradition die Unterscheidung von *kardinalen, fixen* und *labilen* Zeichen ergab. Dementsprechend ist eine Abschattung der Verhaltensweise im Lebensraum, den der Quadrant vergegenständlicht gesehen darstellt. Bezogen auf die Thematik der Quadranten unterscheiden wir eine *führende, tonangebende* Qualität (kardinal), eine *festhaltende, auf Grundlagen eingestellte* Qualität (fix) und eine *bewegliche, fluktuierende und überleitende* Qualität (labil).

Man kann darin die mythische Trilogie von Schöpfer, Erhalter und Vollender wiedererkennen, doch überspanne man diese Eigentümlichkeit der Dreizahl nicht *wertungshaft*. Hier sprechen wir von Wirk- und Verhaltensformen in der Physiognomie des alltäglichen Geschehens, während die Mythologie den universellen Maßstab anlegt. Die Eigentümlichkeit der Quadranten wird in den vulgären Tierkreisdarstellungen wenig beachtet, stärker prägt sie sich in der Interessen-Vergegenständlichung der Häuser durch. Doch die »fixen« und »labilen« Zeichen (die »kardinalen« wurden bereits erläutert) bekommen erst durch sie ihren Eigenton, eingedenk dessen, in welchem Bezirk eine auf Boden und Material achtende, bestandsichernde Qualität (fix) oder eine bewegliche, biegsam und geschmeidig den Wechselfällen des Lebens angepaßte Qualität (labil) zur Geltung kommt. (Labil ist im Wortsinne als »beweglich«, nicht wie oft fälschlich gebraucht als »hinfällig« zu verstehen; die abstrus klingende traditionelle Bezeichnung »doppelkörperlich« bekommt einen gewissen Sinn aus der Überleitung in einen neuen Bezirk.)

Um die *Grundlagen* der Quadranten zu verstehen, untersuchen wir, in der außermenschlichen Natur anknüpfend, die mit den Kardinalpunkten eröffneten *Lebensräume.* Im Bewahren dieser Grundlagen – Vormenschliches auch im menschlichen Verhalten durchschlagend – bekommen die *fixen* Zeichen eine unverkennbare Eigentönung, das Wesen mitbestimmend.

I. QUADRANT

Im engsten Lebensraum, dem der Einzelperson, geht es um stoffliches Intaktsein an Leib und Seele. Hierauf gründet sich Unabhängigkeit der Meinung, Ungezwungenheit des Gebarens. Der durch nichts Überfremdete wendet sich lediglich zur Befriedigung von Bedürfnissen nach außen. Seine Lebensart kümmert sich um Mittel des Erwerbs und sicheren Besitz, auch seelische und geistige »Stofflichkeit«, sein naturwüchsiges Sosein verwaltet und pflegt die Dinge, an denen er persönlich hängt, tut freiwillig nur, wozu er Lust hat, und schätzt, womit er sich identifiziert. Häufig eine Naivität, die gar nicht darauf kommt, daß andere Auffassungen möglich sind und die Welt anders sein könnte als gewohnt. Was in diesem Sinne «keinen Boden unter den Füßen» hat, läßt man auf sich beruhen, hält fest am eigenen Fundament und was dazu gehört. Prinzip «Stier», Sinnzeichen ♉ .

II. QUADRANT

Im Lebensraum des Selbstähnlichen und Verwandten stützt man sich auf vitale Fortzeugung des Artgleichen, will sich ausleben in selbstgeschaffener Atmosphäre und hieran Anklingendem. Was im Animalischen auf Nestbau und Brutpflege beschränkt ist, schwingt weiter im Triebleben, doch darüber hinaus im Reichtum selbstdarstellerischer, spielhafter Bedürfnisse, lebenskünstlerischer und schließlich kulturschöpferischer Fähigkeiten. Unternehmungslust, Organisation des Vergnüglichen, Schenkfreude, großzügige Lebensführung, Sinn für festlichen Glanz. Meist Kinder- und Tierliebe, Gegenwärtigkeit des Herzens in Begegnungen, aber auch Wirkungsbedürfnis, auftretend als mehr oder minder ausgeprägter Machttrieb. Irgendwie sucht man Mittelpunkt eines laufenden Getriebes zu sein. Prinzip »Löwe«, Sinnzeichen ♌.

III. QUADRANT

Im Raum des Du, mit Überwindung der Fremdheitsschranke, werden Beziehungen zu Artverschiedenem möglich. Manchmal Bastardierung, zumindest eine Spannung zwischen Wesensverschiedenem in der Herkunft. Was bei außermenschlichen Wesen die Symbiose von Freund und Feind an Unterstützungen und Reibungen enthält, bricht in der menschlichen Gemeinschaft in Krisenzeiten verstärkt auf, wenn es in normalen Zeiten auch meist verdeckt ist. Gegenseitige Ausnutzung und Parasitismus, wie anderseits Opfer, gemeinsames Vorbild und Nachfolge gehören dazu. Es geht um Kritik an Unzulänglichem und Bewährung im »Trotzdem«, Durchstehen von Katastrophen und Täuschungsgefahren, Maßhalten in extremistischen Ausbrüchen. Das Wahrnehmen von Abbauwürdigem, der Zweifel an Verschleierung und Ersatz bohrt bis zum unbezweifelbaren Grund, auf dem man fest stehen kann. Einen solchen voraussetzend, oft verehrendes Festhalten an übergreifenden Wertsymbolen. Prinzip »Skorpion«, Sinnzeichen ♏.

IV. QUADRANT

Im Raumumfang des Erdschauplatzes kann man die Dinge aus der Vogelschau betrachten, entbunden vom Medium, in dem man lebt, dem Klima, der Rasse, den geographischen oder familiären Beengungen, allein gestützt auf die Idee des Ganzen. Bei aller ideologischen Gleichschaltung der Epoche sieben Bildungsgrad, Einkommens-, Wohn- und Rechtsverhältnisse sowie die technische Gestaltung der Daseinsweise die Geister aus. Wer, in Überwindung solcher Standpunkte, zu einem zeitgemäßen Fortschrittsprogramm sich berufen fühlt, glaubt leicht, den Maßstab für alles zu besitzen, an dem Mensch und Natur gleichmäßig zu messen sei. Systematische Auszweigung reformerischer Einheitsideen, aufklärerische Verbreitung, anderseits Schematismus und Bürokratie. Doch bei fundiertem Wissen und Liberalität der Betrachtung eines und desselben von vielen Seiten gibt es nichts Undiskutables. Oft Formalität, Mitmachen des gesellschaftlichen Rituals, bei betonter Querhaltung der Meinungen. Werterhöhung als »Repräsentant des Zeitgeistes«. Prinzip »Wassermann«, Sinnzeichen ≈.

Dieselben Lebensräume, in der Vielfalt darin möglicher Vorfälle, geben den *labilen* Zeichen ihre Eigentönung. Als Bewegungsformen können sie verstanden werden aus vier von der Dialektik herausgearbeiteten Kategorien:

Entwicklung aus Widersprüchen	=	Zwillinge
Konkret ungleichartige Entwicklung	=	Jungfrau
Einheit der Gegensätze	=	Schütze
Universeller Zusammenhang	=	Fische

Mit den Quadranten kommen die Bezüge zu bestimmten Lebensräumen hinzu.

I. QUADRANT

Im Raum der Einzelperson drehen sich die Fragen um Mein und Dein, mit zahllosen Verwandlungen, die Wachsamkeit erfordern und die Urteilskraft schärfen. Strebt man allerdings in Gesamtfragen und Komplizierungen ebenso rasch vorwärts wie in Alltagserledigungen, so wird man zu überschläglichen und summarischen Einschätzungen genötigt. Häufig führt dies zu einem Automatismus der Schwarz-Weiß-Urteile, die von Tag zu Tag widerrufen und neu formuliert werden müssen. Dann Hektik, Neugier, Sensationslust. Meist wendiges Vorgehen mit wechselnden Ansprüchen und Zielen, Soforterledigungen, manchmal Nervosität und Flüchtigkeit und – wenn irritiert – zweideutige Stellungnahme. Praktische Hilfeleistung, wenn mit eigenem Vorteil vereinbar, Entwicklungsinteresse, fast immer manuelles Geschick und intelligenter Zugriff. Prinzip »Zwillinge«, Sinnzeichen Ⅱ.

II. QUADRANT

Im Raum des Selbstähnlichen und verwandt Empfundenen sammeln sich die Dinge und Personen an, zu denen man in Beziehung steht; mancher »sieht den Wald vor Bäumen nicht« und muß seinen Standpunkt aus einem schwer überschaubaren Vielerlei herausfinden. Meist eine ins Kleine und Genaue gehende Beobachtungsgabe, manchmal Pedanterie. Selbstbewahrungstendenz mit kritischem Blick für das Befremdende, auf Zweckmäßigkeit eingestelltes Bewegungsnaturell. Wahrung aller persönlichen Eigenheiten, doch Fürsorglichkeit gegenüber dem als zugehörig Angenommenen, ausgesprochener Familiensinn. Meist langsame, weil umwegig in Einzelheiten gehende, methodisch gehandhabt saubere Erledigungen. Neigung zum Erwerb von Routine in einer speziellen, persönlich zusagenden Verrichtung, darin emsig vorwärtsstrebend. Prinzip »Jungfrau«, Sinnzeichen ♍.

III. QUADRANT

Im Raum der Du-Bezüglichkeit muß man mit auftretenden Ungereimtheiten und Widersprüchen fertig werden, hat die Übereinstimmung des im einzelnen Auseinanderklaffenden zu finden. Der Lösungs- und Einigungswille greift oft zu hoch und wird in Enttäuschungen geworfen, mancher steuert entfernteste Ziele an und mischt sich in brisante Probleme ein. Durch Zurücknehmen von Projektionen lernt man sein eigenes Maß kennen. Bei allem kameradschaftlichen Freimut gipfelstrebiger persönlicher Stolz. Mancher überzieht dies emotionell ins Angeberische. Häufig ein dramatischer, abenteuernder Weg mit Auf und Nieder der Erwartungen, Unternehmungen, zuweilen hart am Abgrund vorbei. Manchmal lebenstolle Übertreibungen und dementsprechende Abwertung des braven Durchschnitts. Ausgesprochenes Freiheitsbedürfnis und hoher Anspruch. Prinzip »Schütze«, Sinnzeichen ↗.

IV. QUADRANT

In der Weltweite und dem »Sinn der Erde« dienstbar fällt es schwer, Halt und Sammlung zu gewinnen, es sei denn, man wird von einer Sendung getragen. Ängstliche gehorchen den anerkannten Mächten in anonymer Form. Meist vielseitige Begabungen, doch wenig Disziplin, eine davon konzentriert auszuwerten, wenn nicht rauschhaft einer Sache verschrieben. Bescheidenes Auftreten, hilfswillig, einfühlsam, mitleidsbewegt; das Verhalten richtet sich aber selten nach vorbedachten Regeln, ist ablenkbar und beeinflußbar. Es gibt daher verpaßte Gelegenheiten, manchmal unausgeschöpfte Möglichkeiten, «verkannte Genies». Mancher wird vom Strom einer Massenbewegung hochgetragen oder hat das Organ, auf sie zu wirken; jedenfalls Phantasie und Sinn für die Atmosphäre des sich Anbahnenden, feinfühlige Einpassung. Mancher leistet sein Bestes im Dienst für andere. Prinzip »Fische«, Sinnzeichen ♓.

Es wird hier keine gleichmäßige und erschöpfende *Beschreibung* der einzelnen Tierkreiszeichen versucht (Sache eines Lehrwerks), sondern das *Begreiflichmachen ihrer Stellung im Ganzen,* zunächst in der *Quadrantenordnung.* Diese Ordnung zeigt Lebensräume anwachsenden Umfangs, was aber nicht zu einer *Bewertung* verleiten darf; an sich sind alle 12 Prinzipien *gleichwertig,* jedes ist nur anders orientiert.

Das folgende Schaubild zeigt den symmetrischen Zusammenhang der 12 Prinzipien des Lebenskreises in astrologischen Zeichen, die inneren Quadrantenbezeichnungen auf rein menschliche Verhältnisse abgestimmt.

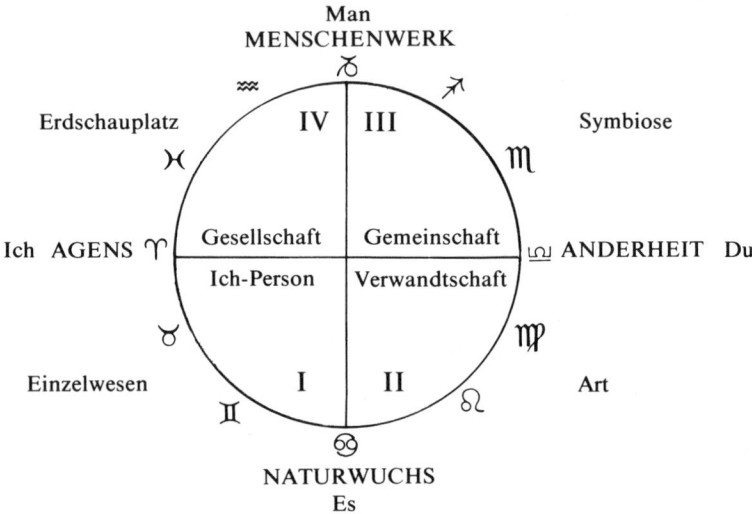

Die im Kreis sich gegenüberliegenden Prinzipien bzw. Zeichen stehen im Verhältnis *polaristischer Zusammengehörigkeit und Ergänzung.* Der zusammenhängende Ablauf wird zum Ausdruck gebracht durch die Dreigliederung, wobei sinnentsprechend die fixen Zeichen in die Mitte, die kardinalen an den Anfang und die labilen Zeichen an das Ende jedes Quadranten, überleitend zum nächsten, gesetzt werden. Jede dieser Qualitäten tritt als Gegensatzpaar auf. Daß jedoch dies sinnentsprechende Hintereinander in Abschnitte von genau 30 Grad gefaßt ist, zeigt eine Symmetrie geometrischer Strenge, die uns zunächst willkürlich auf den vitalen Vorgang bezogen scheint. Dies verweist auf das später behandelte Problem der Beziehung von Ordnung und Regellosigkeit und gibt dem so eingeteilten Lebenskreis – faktisch als astrologischer Tierkreis aufscheinend – einen symbolischen Charakter. Die Einheit, welche jedes Paar von Gegensätzen durchdringt, entspricht, zum Ganzen gerundet, dem »Logos« heraklitischer Auffassung. Würden wir »Kreislauf« wortwörtlich nehmen, dann würde er tödlich. Ein streng zyklisch ausgerichtetes System mündet unweigerlich in einen Fatalismus. Doch mit der Quadrantenfolge ist in die Wiederkehr gleicher Prinzipien eine asymmetrische Erscheinung eingebaut: das Anwachsen der Lebensräume. Ferner ist der Mensch, auf den das System bezogen gilt, ein unfertiges, *werdendes Wesen*. Liegen auch die Prinzipien fest, nach denen wir uns verhalten, so bleibt doch die Konkretisierung noch offen; wir sind frei in der Wahl ihrer Entsprechungen darin, daß es von jeder Entwicklungshöhe aufwärts oder abwärts geht. Außerdem steigern die verschiedenen Lebensräume die Fülle der Möglichkeiten in einer anwachsenden Folge. Die Kreisordnung der Prinzipien verträgt also Vertauschung und verschiedene Höhenlage ihrer Entsprechungen. Dies läßt sich verstehen am Bild einer zylindrischen Spirale: von oben und unten gesehen ein reiner Kreis, seitwärts angeblickt ein Auf- und Absteigen. In diesem Sinne gebrauche ich im folgenden den Ausdruck *Entwicklungsspirale*. Wir dürfen uns nur keine ein für allemal ausgemachte Entwicklungs*richtung* oder Merkmale einer solchen vorstellen. Es gibt Höhen und Tiefen im Erleben, Gipfel, die zu Enttäuschungen führen, und Senkungen, die sich als wohltätig erweisen, Abgründe, aus denen man nur schwer herausfindet, auch umwegige Entwicklungen. Was in der Entwicklung zur Endgestalt des Menschen treibt, muß jeder für sich entdecken.

Wie schon gesagt, prägt sich die Quadrantenordnung auffälliger in den »Häusern«, der zweiten astrologischen Version des Lebenskreises, durch. Die Abfolge von 12 Abschnitten ist beim Häusersystem dieselbe wie beim Tierkreis. Auch inhaltlich steht es mit ihm in Deckung, nur bringt die *Richtung* der Kräfte eine weitergeführte Konkretion, eine *Vergegenständlichung* der Inhalte. Vulgär geht es bei den Häusern ausgesprochen um *Personen und Sachen* – darauf beruht die orakelhafte Auswertung – als Gegenstände des »normalen« Interesses. Doch wie im Kunstwerk oder im Traum sind sie von *symbolischer Bedeutung*, hier in bezug auf den Lebensraum, den der Quadrant angibt. Das äußerliche Interesse merkt dies nur untergründig. Entspricht aber ein Gegenstand nicht mehr dieser Bedeutung, so erlischt das Interesse an ihm, und ein anderer Gegenstand kann Zugkraft bekommen. Die «brennenden» Interessen brennen nur um dieser Bedeutung willen. Je nachdem wechseln die konkreten Häuserinhalte, tauschen sich aus vor allem mit den Veränderungen im *Aktualitätsbewußtsein*, dem ichhaften Beginn der Kreisläufigkeit. Nur die Ausgerichtetheit der Bedeutungen liegt anlagemäßig fest, es fehlt die wesenseigentümliche Stetigkeit der »Tierkreisanlagen«, die man auch als *Stilformen des Verhaltens* bezeichnen kann. Anderseits aber hat, gerade infolge des Wechselhaften, der Entwicklungsansporn reichere Gelegenheit, bei Dingen, die man wählt, anzusetzen und in dieser Hinsicht das Niveau der Interessen zu heben.

Charakterologisch wichtig ist, daß diese beiden Versionen des Lebenskreises – die »kreisläufigen Systeme« – sich gemäß der täglichen Umdrehung der Erde auf ihrem Jahreslauf *ineinanderschalten*. Die prinzipielle Aufgliederung beider Systeme, die Zwölfheit, bleibt dieselbe, doch Horizont und Meridian des betreffenden Orts durchlaufen täglich den ganzen Umkreis, der uns »der Tierkreis« heißt. Infolgedessen kann je nach der Geburtsstunde jeder Abschnitt des einen Systems in jeden beliebigen Abschnitt des anderen Systems zu liegen kommen. Die Einheit der Erdbewegungen – Umlauf um die Sonne und Umdrehung um ihre Achse – legt gesetzmäßig fest, wer in welchen. Das besagt, daß die *ausdrucks- und verhaltensmäßige* Einfärbung jeder Wesenskraft sich in *jedem Interessengebiet* erweisen kann, wir also in jedem Fall das *Ausdrucksbestimmte* und das *Richtungsbestimmte* einer Wesenskraft zu kombinieren haben.

Statt eigener Sinnzeichen werden bei den Häusern die Zahlen von 1 – 12 verwendet. Die Zählung beginnt beim Aszendenten, dem Schnittpunkt zwischen Osthorizont und Ekliptik, und geht gegen die Uhrzeigerrichtung. Eine Vollständigkeit der vorkommenden «Häuserinhalte» erreichen zu wollen, ergäbe eine warenhausartige Aufzählung. Die von den Bedeutungen abzweigenden Interessen splittern sich unübersehbar auf. Versucht wird daher ein strafferer Bezug der einzelnen Abschnitte auf ihre Zugehörigkeit zum betreffenden Quadranten, womit die Analogie zu den »Tierkreisinhalten« deutlicher sichtbar wird.

I. QUADRANT

1. Was dem Verhalten seine persönliche Art und Weise verleiht, konkretisiert sich zum Interesse an der *eigenen Person.* Sie trägt die Physiognomie des Zeichens am Aszendenten. Diese empirische Persönlichkeit und ihre Neigungen bilden einen Bezugspunkt zu allem übrigen, insofern ihr eine automatische Reaktion auf herantretende Dinge entspringt (zum Unterschied vom »alter ego« des Sonnenstands). Es geht hier um die Bedeutung der Dinge für sich persönlich, nicht nur in Beschaffenheit der Kleidung, Stilisierung des Aussehens »als ob man vor dem Spiegel stünde«, Sorge um das leibliche Wohlbefinden, sondern auch in der seelischen und geistigen Resonanz, woraus sich Wichtigkeit oder Geringfügigkeit der Beziehung zu Personen oder Sachen ergibt. Alles in allem die rein persönliche Aktualität der Interessen.

2. Was im Verhalten die Ich-Person stützt, konkretisiert sich zum Interesse am *Privateigentum.* Dieser Unterbau des Persönlichen betrifft zunächst Erwerb, Geld und materielle Güter, ferner aber und je nach dem Entwicklungsstand die seelischen Wertmaßstäbe und das angeeignete Wissen, auch die Aufbaugrundlage der leiblichen Existenz. Anhäufung oder Verschwendung dieser Mittel zum persönlichen Dasein, materialgerechte Maßnahmen oder Nachlässigkeit, Verwaltung und Pflege der Dinge, mit denen man sich identifiziert und auf die man grundlegenden Wert legt.

3. Was im urteilenden Umsichblicken das Verhalten beschäftigt, konkretisiert sich als *Lerngelegenheit,* Interesse an der persönlichen Entwicklung. Auch Neugier und Veränderungslust kann dazu beitragen, die Aneignungen beginnen in der Kinderstube, im Geschwisterkreis, setzen sich fort in Schule und Lehre, im weiteren Studium des als wissenswert Erachteten, in Kursen, Literaturverbrauch, Bibliotheken. Persönlicher Ausdruck der schreibenden Hand, mancher lernt außerverbal im Werken, in Basteleien, auf Zweck- und Bildungsreisen. Umsetzung von Kenntnissen und Neuigkeiten im Werdegang.

II. QUADRANT

4. Was vom selbsteigenen Beisichsein im Verhalten zum Vorschein gelangt, konkretisiert sich in der eigenen *Heimstätte,* in der Ausgestaltung seines Wohnraums und Pflege der Häuslichkeit. Konformistische Einrichtungsart oder Eigenatmosphäre sind symptomatisch für die Verwurzelung in sich. Der Welt gegenüber empfundenes Refugium, Tradition des Innenlebens, auch selbsterzieherische Antriebe, verankert im Elternhaus, in der Heimat, im angeerbten Boden, gestaltend weitergeführt bis in die Altersumstände. Gastlichkeit im selbstgeschaffenen Umkreis, familiäre Beziehungen.

5. Was das selbsteigene lebensschöpferische Verhalten bestimmt, konkretisiert sich im Weiterbestand *vitaler Gegenwärtigkeit.* Fortzeugung der Eigenperson, ihres Lebensstils im Kind und Zögling, in Dingen, die man liebt, Wirkungsumkreis pädagogischer Gaben in diesem Sinne. Erobernde Zuneigung, Liebesbeziehungen, gattungsmäßige Bindungen. Darüber hinaus breiter Ausschwung der Selbstdarstellung im Schauen und Genießen, Geben und Gestalten, Widerhall erwartend, bei entsprechender Begabung im künstlerischen Werk. Sinn für Gastereien und Tanz, mehr veräußerlicht lockere Vergnügungen, Wetten und Glücksspiele, ernstere

Beziehung zu Konzert und Schauspiel, Ausstellungen und feierlichen Aufmärschen. Steckenpferde und darin gefundene Kompensationen.

6. Das selbstbewahrende, im schrittweisen Vorgehen geäußerte Verhalten konkretisiert sich in *sachlicher Interessenbetätigung*. Auf das Zweckdienliche reduzierte Körperübung, Gymnastik mit hygienischem Titel oder Methodisierung des Sports, überdachte Ernährungsweise, Gesundheitspflege, Vorbeugungsmaßnahmen, im Negativum gestörte Körperfunktionen. Bei eigenem Intaktsein häufig Fürsorge in dieser Hinsicht bei Schutzbefohlenen. Heranziehung von Hilfsmitteln und mechanischen Geräten dabei. Sachliche Anweisung dienstbarer Hilfskräfte. Oft Arbeit um der Tätigkeit willen, wenn Routine erworben, in einem zur Selbstbestätigung geeigneten Fach.

III. QUADRANT

7. Das weltoffene Bereitschafts- und Kontaktverhalten konkretisiert sich zum Interesse an der *Bezugsperson*. Im Zusammenleben wie auch in jeder Begegnung und Ansprache, in der Auseinandersetzung mit Andersartigem bekundet sich das Bedürfnis nach Anregung. Lernen erfolgt durch die Person des Mentors, des Übermittlers. Eigene Vorzüge oder Mängel gehen durch die Anteilnahme am Lebens- oder Gesprächspartner auf, führende Richtlinien durch Mitarbeiter oder Geschäftsteilhaber. Selbst das Aufwerfen strittiger Punkte, turbulente Szenen, Gegnerschaften bringen einen Zuschuß, lassen die »goldene Mitte« finden. Begabung für diplomatische Einigungen, friedlichen Ausgleich, kann in gemeinsamen Angelegenheiten führend werden, die Leitlinie von Vereinen, Meinungsgruppen einhaltend.

8. Ein Anzweifelungen, Vergängnis und Krisen durchstehendes Verhalten konkretisiert sich in *Bürgschaften für das*

Überleben. Aufklaffende Gegensätze und widerstreitende Meinungen in einer Gemeinschaft verlangen ein hohes Niveau und überpersönliche Maßstäbe, will man nicht in zersetzende Extreme hineintreiben. Hieran scheiden sich Ausnutzung des Gegebenen zum Schaden anderer und Opferwilligkeit für das Gemeinützige. Man will auf fremde Rechnung leben oder zu Gunsten der Mitmenschen Verzicht leisten. Auch unbewußt verspürt man diese Alternative, und mancher vertreibt ein besseres Wissen und Gewissen durch einen »Realismus«, der hier kein sicheres Fundament gibt. Anderseits zum Panier erhobene metaphysische Symbole, die das Unzulängliche, trotz scharfer Kritik am Bestehenden, ertragen lassen. Einerseits arbeitsloses Einkommen, Erbschaften, Legate; anderseits ehrenamtliche Tätigkeit, »Teamwork« ohne Eigennutz, Verwaltung von Volkseigentum. In jedem Fall Ansprechen auf die Umwelt-Atmosphäre, manchmal allergisch. Bei Vertiefung in die Lebenshintergründe verlieren Alter, Krankheit, Tod ihre Schrecken; durch Grenzen, Risse, Spalte des Normalgesunden schimmert eine transzendentale Gewißheit.

9. Der lebensgläubige Aufschwung des Verhaltens konkretisiert sich in der Stellung zu den *letzten Dingen.* Ob in der Richtschnur des Menschenwürdigen, im religiösen Glauben, in weltanschaulichen Betrachtungen oder im praktischen Dienst an internationalen Verbindungen gefunden, ein überpersönliches Leitmotiv trägt durch das Auf und Nieder im mitmenschlichen Umgang. Häufig Begeisterung für große Vorbilder – Persönlichkeiten der Geschichte, Religionsgründer, Philosophen, Entdecker –, dementsprechende Studien und Nachfolge. Auch das konkrete Welt-Anschauen, der Reisetrieb, sprachliche Interessen, Verkehrswesen gehören hierher. Folklorismus, Ethnologie, Besuch von Kultstätten und Museen. Hochbewertete Forderungen, Blickpunkt über den Widersprüchen des Daseins.

IV. QUADRANT

10. Was dem normativen Verhalten sachliche Maßstäbe gibt, konkretisiert sich im Interesse am *sozialen Standort*. Berufsstellung, Titel und Rang in der Öffentlichkeit erhalten ihre höchste Rechtfertigung im geschichtlichen Auftrag. Auch die Plattform des Ehrgeizes bezieht ihre verpflichtende Rolle aus der Unpersönlichkeit des Gemeinwesens, das staatlichen Interessen gehorcht. In diesem Rahmen ein Aufstieg durch Sachkundigkeit oder aber Vetternwirtschaft, Medien der Meinungsbildung, sensationelle Werbung. Klassenbestimmter Weltblick der politischen Einstellung oder Neuerungswille, der sich aber an Konventionen halten muß, um Erfolg zu haben; Grundsätze dieser Art oder demagogische Massenwirkung.

11. Das zeitgenössische Verhalten konkretisiert sich im Interesse an Personen und Sachen, die dem *Geist der Epoche* entsprechen. In diesem Sinne freundschaftliche und erfolgstützende Verbindungen, Getragensein durch das Beziehungsnetz, in dem man lebt, informative Fühler zum «Heutigen». Gestütztsein durch konformistische oder lebensreformerische Lehren, je nach Entwickeltheit und Stellungnahme, Absicherung gegen Nachwirkungen verbrauchter Anschauungen; in der Lebensweise meist nach dem Stand der Technik und bekanntgemachten Wissens gehend. In diesem Sinne «geistige Parkplätze», Verlage, Parlamente, Reisebüros, Auskunftstellen aller Art, Umschlagplätze des Handels und Geldumlaufs, Zeitungen. Das Verhältnis des eigenen Niveaus zu gleichgeschalteten Meinungen klärt sich durch Begegnungen.

12. Das je nach Stellungnahme im Strom der Zeit teilnehmend mitfließende Verhalten konkretisiert sich in *Orten der Prüfung*. Es kann privat das »stille Kämmerlein«, die Klosterzelle, ein einsamer Winkel sein, offizielle Einweisung in eine Korrektionsanstalt, Gefangensetzung und Folterung oder

verständnisvolle Betreuung, man kann in solchen Mauern als »räudiges Schaf« gehalten sein, als Kranker, Besserungsfähiger, oder als Arzt und Helfer tätig werden: immer geht es letzten Endes um Rettung und Herstellung des Menschenwürdigen, auch bei Irrtümern. Ohne dies Motiv »kommt man unter die Räder«, wird »vom Winde verweht«. Noch Untergrundbewegungen beziehen ihre Berechtigung daraus, daß sie die herrschenden Mächte verneinen, um kommende Dinge vorzubereiten. Die Anonymität der Verrichtungen wird am deutlichsten in Massenvorgängen, die eine Selbstprüfung überfluten. Unpersönlich sind es Naturkatastrophen, Seuchen, kollektive Schicksalsschläge, welche die helfende Hand aufrufen. In diesem Sinne Berufensein des einzelnen zum Nothelfer oder zu Organisationen der Fürsorge, seelsorgerischen Bemühungen, Rettungsanstalten, Entziehungskuren, Sanatorien; im Gegenfall »Vergammelte«, »Süchtige«, irrationale Durchbrüche verdrängter Energie als »Aussteiger« oder stille Dulder.

Wie gesagt, sind dies nur Andeutungen aus der Fülle sich konkretisierender Interessen mit Hinweis auf den *Bedeutungszusammenhang.* Als ganzes ist das Häusersystem eine überindividuelle *Rahmenordnung,* die sich auffüllt mit dem, was dem Entwicklungsstand entsprechend Bedeutung bekommt. Die planetare Besetzung der Quadranten gibt die individuelle Betonung der Lebensräume durch Wesenskräfte an. Kung-fu-tse (Konfuzius) in seiner »Großen Lehre« formulierte die vier Bezirke in altchinesischer Blickweise:

REICH	VOLK
ICH	FAMILIE

Es ist die gleiche überindividuell gemeinte Staffelung anwachsenden Umfangs. Entwicklungen verlaufen nicht immer wesensecht, besonders die Herausbildung der Interessen. Sehen wir die Individualität anlagemäßig ungleich in die Rahmenordnung eingebaut, so können wir im Negativfall ermessen, wo Überfremdungen liegen, die für eine The-

118

rapie aufschlußreichen »Fehlinvestitionen« durch Umwelteinfluß und Gewöhnung. Im folgenden Schaubild wird die
Rahmenordnung zusammengefaßt, auch sie aber ist im Sinne
der »Entwicklungsspirale« zu denken.

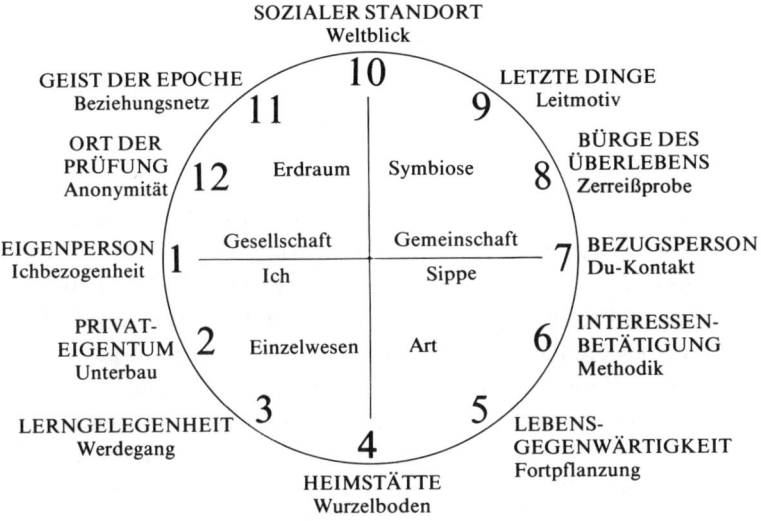

6
Die Seinsebenen

Im bisherigen führten wir den menschlichen Charakter auf Elemente zurück, die alle Organismen bestimmen, und betonten als Eigenheit des Menschenreiches, daß hier individuelle Strukturen den Einzelmenschen ihre Selbständigkeit geben, in welcher sie als Zellen des Menschheitsorganismus fungieren. Die Gesamtwirklichkeit des Menschen umfaßt nun verschiedene Ebenen des Seins. Die individuellen Wesenskräfte betätigen sich auf jeder derselben, und zwar analog ihrem Platze in der genannten Struktur, dem individuellen Wesensgefüge. Um die damit entstehenden Abwandlungen der Äußerung zu begreifen, müssen wir uns erst Klarheit über diese Seinsebenen verschaffen.

Die Seinsebenen gliedern sich in der natürlichen Ordnung, die Nicolai Hartmann als *ontologischen Vierschichtenbau* darstellt, als ein Übereinander des Materiellen, Organischen, Seelischen, Geistigen in dem Verhältnis, daß jeweils die höhere Schicht der unteren *kategorial aufruht*[15]. Dies heißt, die obere Schicht enthält ebenfalls die Kategorien der unteren Schicht, während das Ureigene der oberen sich mit einem *Novum* ausweist. Kategorien sind Grundbegriffe dessen, was über eine Sache ausgesagt werden kann. Nur mit schichteneigenen Kategorien bildet sich eine einheitlich rationale Betrachtungsweise und gelingt die daraus entspringende Erkenntnis. Hartmann versucht einen Grundriß der allgemeinen Kategorienlehre und will damit die Gegliedertheit unseres Seins einheitlich einfangen. »Höher« oder »tiefer« sind in diesem Vierschichtenbau nicht wertmäßig gemeint, angegeben ist damit nur eine inhaltliche Stufenfolge in der aufsteigenden Ordnung der Kategorien.

Auf kategoriale Grenzüberschreitungen achtend, rügt Hartmann an dem Streit zwischen Mechanismus und Vitalismus – was man als eine Säuberung biologischer Gedankengänge von Fremdmethoden auffassen kann –, daß sie das Leben von unten oder von oben, mit Kategorien des Materiellen oder des Seelischen und Geistigen, zu erfassen trachten. Beide Greifer einer solchen Zange greifen am Wesen des Lebendigen vorbei. Die Kategorien des Organischen jedoch, meint Nicolai Hartmann, seien uns unmittelbar nicht zugänglich.

Das letztere trifft freilich zu auf die offiziell noch herrschenden Anschauungen, welche die subjektiven, lebensunmittelbaren Zeugnisse der Selbstwahrnehmung als der «Täuschung» verdächtig ausschalten bzw. sie ihrer Fehlerquellen wegen beiseite stellen. Sichere Aussagen gründen sich demnach allein auf mathematisch exakt beschreibbare, experimentell nachweisbare objektive Allgemeingültigkeit. Damit allerdings nehmen wir Partei im vorgenannten Streit zwischen Mechanismus und Vitalismus und bleiben bei der cartesianischen Zweiteilung in *res extensa* und *res cogitans* stecken. Schilderungen des Erlebens schöpferischer Vorgänge durch Künstler und Erfinder verdienen dann weniger Vertrauen als die Analyse ihrer materiellen Energieleistung bei der ausführenden Arbeit, dem Zustandekommen ihrer Werke. Indem wir uns bemühen, die Lebensvorgänge kausal und mechanisch darzustellen, gilt in einer »unverdächtigen« Biologie immer noch die Anatomie der Leiche als sicheres Fundament der Aussagen.

Diese Wissenschaftsauffassung reicht aus für durchführende Prozesse im Körperraum, versagt aber vor der lebensfunktional tätigen Ganzheit und dem Hervorbringen der Gestalt, vor arteigentümlichen Rhythmen, der Einpassung zeitlicher Folgeformen in Jahr und Tag – Konsequenzen der

Erdbewegung –, vor symbiotischen Wechselwirkungen, kurz vor den eigentlichen Lebensvollzügen. Die vitalistischen Verfechter einer *Autonomie* des Lebens greifen demgegenüber leicht, mit Hilfe der «res cogitans», zu unerwiesenen ideologischen Behauptungen.

Zum Eigentlichen des Lebens gehört, daß der organische Körperraum *materiell,* als Plasma, gemäß dem einmalig Besonderen der Lebensgestalt *durchformt* ist, *ohne jedoch im materiellen Sein aufzugehen.* Demzufolge ist das primär Gestaltbildende *nicht mit materiellen Kategorien beschreibbar.* Organische Kategorien, wenn es sie gibt, können weder plasmatisch abgeleitet noch, wie Hartmann richtig einwendet, durch Denknotwendigkeit gewährleistet werden. Zu suchen sind sie im gestaltgebend Ort und Zeit Bestimmenden, im *Formenden.* Hinsichtlich der Bildung von Lebewesen und deren Fortpflanzung liegt das spezifisch Organische in der Bewerkstelligung von *Aufbau, Erhaltung und lebensfunktionaler Verwirklichung der Ganzheit und Gestalt.* Hierzu brachte Jakob von Uexküll die entscheidende Einsicht, daß jeder Organismus seine *eigene Umwelt* in seine Existenz einbezogen hat. Dies sowie seine Unterscheidung von Wirkwelt und Merkwelt beschränkt den Aufgabenbereich organischer Kategorien auf *nur Lebensbezügliches.* Eine »Welt an sich«, hinaus über das sinnlich Erfaßbare und vital Existenzbedeutsame, gibt es strenggenommen lediglich als geistiges Problem des Menschen.

In diesem Sinne sprachen wir von Bildekräften, ihrer menschlichen Spezifizierung als Wesenskräfte. Die Behauptung, sie seien die eigentlichen *Kategorien des Organischen,* ist angesichts der oben genannten Sachlage nicht von der Hand zu weisen. So wird es plausibel, daß diese Ordnungskonstanten uns *angeboren* und keine nachträglichen Erwerbungen sind. Auch sind es offenbar keine logischen Konstruktionen – unsere Erläuterungen bemühten sich nur, den Inhalt nachzuvollziehen –, sondern beim Einsatz astrologischer Berechnungen *empirisch nachweisbare Wirklichkeiten.* Wenn wir uns der Mühe unterziehen, können diese Inhalte auch der traditionellen Astrologie – bei methodischem Abzug ihrer Deutungsirrtümer – entnommen werden. Schließlich tauchen die Inhalte in der Selbstwahrnehmung schöpferischer Menschen auf, bei Unberufenen allerdings erst zu entziffern aus Selbststilisierungen, Wunschprojektionen und anderen Täuschungsquellen. Im ontologischen Vierschichtenbau haben diese Elemente eine Stellung über der materiellen, unterhalb der seelischen und geistigen Ebene. Sie bilden demgemäß den organischen Untergrund der archetypischen Verhaltensmuster, die in die Seelentiefe versetzt werden.

Weitergeführte Beobachtungen zeigen nun die als «Tierkreiszeichen» umschriebenen Anlagen verschieden verwandt mit den Seinsebenen. Es gibt ausgesprochene Affinitäten zum Materiellen, Organischen, Seelischen oder Geistigen, und zwar bestimmten Zeichen eigentümlich. Das heißt also, die auf das Zeichen bezogene Wesenskraft wird dadurch mitbestimmt. Freilich lebt der so oder so individualisierte Mensch auf allen vier Ebenen. Jeweils jedoch, in bezug auf jede Wesenskraft und ihren Einsatz, liegt ihm eine davon näher, entsprechend dem betreffenden Zeichen. Von Geburt an ist die so bezogene Äußerung der Kraft ihm wesensverwandt, und dies strahlt über auf die Betätigung in den anderen Schichten.

Bezug zum ontologischen Vierschichtenbau: darin zeigen sich charaktergründende organische Kategorien wieder einer Zahlenordnung unterworfen. Erneut tritt das mehrfach erwähnte erkenntnistheoretische Problem heran, das zu lösen sein wird. Es sind von Natur aus in uns niedergelegte und verankerte Tatsachen in einer Ordnung, die nicht aus unserem Bewußtsein stammt. Nehmen wir jedoch vorläufig den empirischen Befund erklärungslos hin, betrachten wir, was uns die Eigentümlichkeit der Seinsebenen sagt und bedeutet.

Für das Wirken der vitalen Bildekräfte gibt die *materielle Schicht* lediglich einen zu formenden Stoff her, das *Material* ihrer Tätigkeit. Die physikalische und chemische Gesetzlichkeit der Einkörperung unterbaut unser gesamtes Sein. Eine

Verhaftung darin verarmt aber die Erscheinungen des Ober-
baues, reduziert alles auf kompakte Tatsachen, akzeptiert nur
eine kausale und mechanistische Betrachtungsweise der Verbindung sonst isolierter Stücke, die aber als indiskutable
Realität gelten, als Träger des Ganzen. Es gibt nur *Sachen*
und ihre *Umgebung*, Gestalt ist Aneinanderfügen von
Bestandteilen.

In der *organischen Schicht* wird alles vertauschbar, in
Wechselwirkung begriffen und steht in Umweltbeziehung.
Die hier beheimateten Bildekräfte bringen das Novum, den
Gestaltbau, hervor. Die Lebensgestalt ist unstarr, sie wird
und vergeht, ihr Leben ist *Tätigsein, Handlung*. Dem hier
Verankerten gilt als wesentlich das »Machbare«, er anerkennt
nur Grenzen der Lebensmächtigkeit, verneinende Bedingungen seines ständig sich erweitern wollenden Entfaltungsrau-
mes. Dies ist die Wurzel des Machtprinzips.

Nach innen den ergriffenen Umraum gespiegelt, leben wir
auf der *seelischen Ebene*, in der affektmäßig organisch unter-
strömten Schicht, die als Novum das Eindrucksbild und *Bild
phantasiebewegter Emotionen* hervorbringt. Es ist ein nach
außen tatenloses Erfühlen und Umgestalten der sinnlich rezipierten Wirklichkeit. Der hier Verankerte gibt den Dingen im
Erleben, im Traum vom Leben andere *Bedeutungen*, als sie
für sich genommen sind.

In der geistigen Schicht werden Bilder zu *Ideen*, die
Begriffswirklichkeit des Denkvermögens enthebt unser Sein
der materiellen Tatsächlichkeit, der organischen Tatreize, der
seelischen Bedeutungen und schafft als Novum ein Reich
abstrakter Ordnung. Während das formulierende Denken
dabei nach unten greift, gestaltet das formende Denken
einen Weitergang der Entwicklung. Diskutabel wird dies der
menschlichen Mitwelt durch Mitteilung.

Wir haben in den Affinitäten eine Verwandtschaft, ein
Bezogensein. Der so Bezogene durchlebt diese Schichten
bzw. Seinsebenen entsprechend ihrer kategorialen Bestimmtheit, natürlich ohne daß er sich darüber Rechenschaft zu
geben braucht; er kann die nichtbetonten Ebenen auch anla-

gebedingt falsch beurteilen. Unzulässig ist aber, wie eingangs gesagt, eine *Bewertung* der Schichten und der darin verankerten Anlagen, etwa nach einem ideologischen Geist-Materie-Dualismus. »Höher« oder »tiefer« der so verhafteten Anlagen ist wertfrei. Das folgende Schema besagt ferner keine absolute Festlegung, sondern die Wirklichkeit unterliegt den Relationen der *Entwicklungsspirale.*

Geistige Schicht	Idee	Ordnung
Seelische Schicht	Bild	Bedeutung
Organische Schicht	Tat	Gestalt
Materielle Schicht	Sache	Material

Äußerungen, die aus einem anlagemäßigen Bezogensein auf die Gesamtwirklichkeit unseres Seins hervorgehen, berühren Zusammenhänge, die Kretschmers »Körperbau und Charakter« in Verbindung mit den Temperamenten zu fassen suchte. Die Frage, wieweit seine Zuordnungen stimmen oder durch die typologische Einreihung vereinfacht sind, kann an Hand des Kosmogramms differenziert untersucht werden. Dasselbe – mag es im großen ganzen vielleicht Richtiges treffen – gilt in bezug auf Wundts »stark und schwach, schnell und langsam«. Indem wir die ominöse Vierzahl der Temperamente in einer Affinität zu den Seinsebenen begründet sehen, erlangen wir ferner gesichertere Kriterien als die antike Säftelehre.

Eine weitere Quaternität wird durch die traditionellen astrologischen Bezeichnungen angeschnitten. Doch zuerst zum »Temperament«. Unzulässig ist der meist angetroffene *summarische* Gebrauch, als habe ein Mensch *ein einziges* Temperament. Dieser wahrheitswidrige Begriffsgebrauch trug viel zur Entstellung und Verflachung der Anschauungen bei. Es gibt nicht »den« Melancholiker, der stets depressiv und traurig, nicht »den« Choleriker, der stets zornig und aggressiv, nicht »den« Phlegmatiker, der stets bequem und launisch, nicht »den« Sanguiniker, der stets lebhaft und unternehmungsfreudig ist. Statt an eine Typologie zu denken, welche die Menschen nach gewissen Unterscheidungsmerkmalen zurechtschneidet, denke man an *Bausteine des Charakters*, die in immer wieder anderem Mischverhältnis bzw. in *tektonisch verschiedenartiger Zusammenfügung* sich im Charakterganzen vorfinden. Hieraus ergeben sich die »temperamenthaften« Merkmale des Bezugs zu je einer der Seinsebenen. Nur bei großen Einseitigkeiten wiegt eine Temperamentsart vor, nie jedoch herrscht sie *ausschließlich*. Irreführend ist ferner eine den Temperamentsbegriffen anhaftende Unsitte: der wertende Gebrauch. Zwischen Temperamenten zu werten wäre ebenso unstatthaft wie zwischen Seinsebenen.

Nun die diesbezügliche astrologische Benennung der Zeichen. In archaischer Denkweise wurzelt die Überlieferung von vier Elementen: Erde, Feuer, Wasser, Luft. Es waren wohl nie, wie heute oft unterstellt, Elemente der stofflichen Zusammensetzung gemeint. Denkt man an einen Bezug zu den chemischen Elementen, dann bezieht sich dies eher auf die Aggregatzustände: fest (Erde), flüssig (Wasser), gasförmig (Luft) und die zur Änderung des Zustandes – Bewegung der Moleküle – nötige Wärmeinhaltssteigerung (Feuer). Man lasse sich auch nicht beirren durch den Ausdruck »Element«. Die Chinesen hatten deren fünf – hsing ist ein mehr dynamischer Begriff – und meinten *Wandlungsstufen*. Während bei ihnen der 5 ein sakraler Vorrang zustand, hat im abendländischen Kulturkreis die 4 eine Bedeutung für das *stationäre Sein:* gemeint war die bleibende Konkretion von Seinsformen, insbesondere in stofflichen Eigenschaften. (Wenn C. G. Jung die Quaternität als symbolischen Ausdruck für das Selbst versteht, ist die Wechselhaftigkeit psychischer Regungen auf den bleibenden Nenner gebracht.) In der Zahlenreihe folgt dieser Grundausrichtung mit der 5 die «Quintessenz», synonym der schöpferischen Ursubstanz, auch dem

Logos als der an die Materialität Gekreuzigte und doch sie Überwindende. Dies bildet den Mittelpunkt in der aristotelischen Qualitätenordnung, niedergelegt in einem Schema.

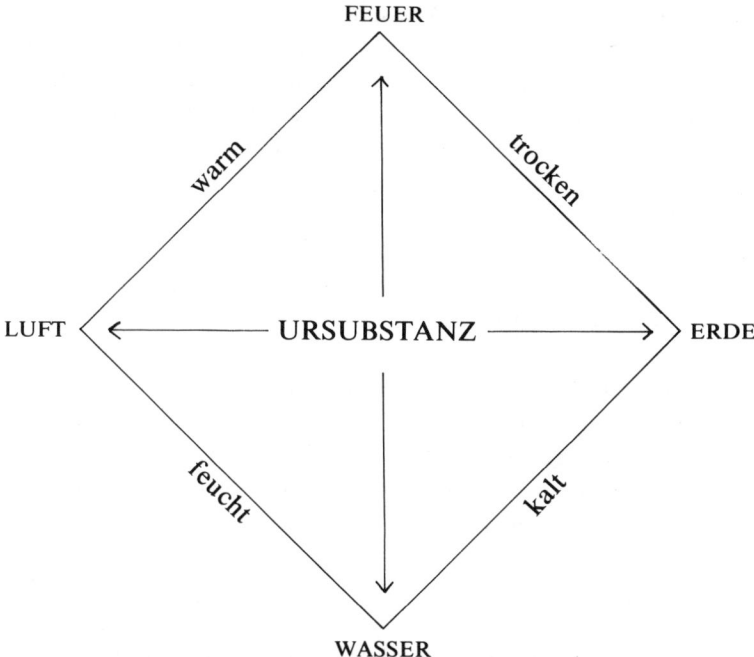

Mit der Auswertung dieser Qualitätenordnung weisen die vier Elemente (im folgenden Schema 1. Vertikalspalte) auf somatische Zustände hin (2. Vertikalspalte), die als Bestandteil einer Konstitutionslehre den Temperamenten (3. Vertikalspalte) zugeordnet werden können, eine entsprechende Stimmungsnote angebend. Hierzu in Beziehung setzen wir die als zugehörig geltende Seinsebene (4. Vertikalspalte).

LUFT	warm und feucht	Sanguiniker	Geistige Ebene
WASSER	kalt und feucht	Phlegmatiker	Seelische Ebene
FEUER	warm und trocken	Choleriker	Organische Ebene
ERDE	kalt und trocken	Melancholiker	Materielle Ebene

Temperament ist angeboren. Gewisse Abwandlungen gibt die Rasse, Ausgleichungen der Bekundung die Entwicklungshöhe, die Zivilisiertheit. Die in Umlauf befindlichen Urteile über Temperamentseigenschaften müssen einer Revision unterzogen werden. Am schlechtesten pflegt der Phlegmatiker wegzukommen, als faul und genüßlich geschildert; es kann aber die bescheiden abwartende Haltung eines Sensitiven sein. Dem Melancholiker wird nachgesagt, alles schwarz zu sehen und in Schwermut zu versinken; das Schwernehmen der Dinge kann aber daher kommen, daß man die ganze Materialität und die damit verquickten Umstände auf sich nimmt. Umgekehrt ist der Sanguiniker, der vielleicht die Dinge praktikabler handhabt und rascher vorwärts kommt, durchaus nicht der häufig beschriebene heitere Leichtfuß und vielbeschäftigte Luftikus. Der Choleriker schließlich, geradezu sprichwörtlich geworden für Aufgeregtheit und Zornesanfälle, kann ein impulsiv und tatenfreudig den Erscheinungen begegnender, Herzenswärme ausstrahlender Mensch sein. Abgesehen von der Vereinfachung auf eine Person sind dies bestenfalls Demonstrationsbeispiele für antreffbare Häufungen, vermengt mit Kennzeichen des Niveaus.

Verstehen wir statt dessen die Eigenheiten der Temperamente als Mischbestandteile des Charakters.

Melancholisch = kühl, schwerblütig, trocken auch im Humor, dingverhaftet und spröde, träge Funktionen, oft in Stockung geratend, manchmal unnötige Verhärtungen.

Cholerisch = impulsiv und lebenswarm, zu raschem Handeln geneigt und nach sofortigen Ergebnissen verlangend, schwungvoll, leicht in Aufwallungen geratend.

Phlegmatisch = läßlich, meist still und ruhig zuwartend, wenn auch gegebenenfalls emotional erregt und inneren Bildern ausgeliefert, daraus mitunter Panikstimmung.

Sanguinisch = rasch im Begreifen und Urteilen, daher oft leichthin über die Tatsachen hinweghuschend, weiß auf jede Frage eine Antwort und kann unbeschwert zu Neuem übergehen.

Unhaltbar ist die auch von Klages mitgemachte Aufhebung dieser Unterschiede im Sammelbegriff »Lebhaftigkeit der Äußerung«. Temperament meint ein *Zusammengehen körperorganischer Artung mit seelischer Stimmungslage und emotional bestimmter Geistigkeit.* Es ist Ausdruck leib-seelischer Einheit und tritt auf als Übergangsphänomen vom Organischen zum Seelischen, hineinragend in die geistige Schicht.

Die Temperamentsunterschiede beruhen auf der Affinität zu bestimmten Seinsebenen; materiell: stärkeres Haften an der stofflichen Kompaktheit der Dinge (melancholisch), organisch: Überwiegen vitaler Unmittelbarkeit und Steuerung (cholerisch), seelisch: Einfühlen und Bildhaftwerden, Mitschwingen und Loslösen aus der Verhaftung (phlegmatisch), geistig: Enthebung in ungebundene Gedankenwelt (sanguinisch). Es ist ein angeborenes *Gegliedertsein der Gesamteinstellung auf das Dasein;* eine Mehrbetonung der einen Ebene hindert nicht die Betätigung auf den anderen Ebenen, färbt ihr Verständnis nur temperamentsmäßig ein. Dies ist am Kosmogramm kontrollierbar an Hand der traditionellen Benennung der Tierkreiszeichen als *erdhaft, feurig, wässrig* und *luftig.*

Im Lebenskreis fanden wir eine Dreigliederung jedes Quadranten, in astrologischer Benennung kardinal, fix und labil. Sie kennzeichnet eine Einstellung des Verhaltens als *antriebshaft, tonangebend,* als *Bewahrkraft bezüglich der Grundlage,* als *beweglich auf Abwicklung des Geschehens eingestellt.* Dieselbe Dreigliederung stellen wir uns nun bezogen auf jede Seinsebene vor. Dies besagt ein elementares und stärkeres Verhaftetsein als nur im temperamentmäßigen Anklingen und bringt einen weiteren Zusatz zum Seinsbezüglichen.

129

Erdhaft, materiell

Gemeinsam ist die Einstellung auf den materiellen Unterbau aller Dinge, in diesem Sinne *Realismus*. Hier verankert sein bedeutet Wert legen auf die *Konsistenz* der Leiblichkeit und des ihr Adäquaten sowie den gewohnten »Lebensstandard«. Man sorgt ehrgeizig für den Aufbau seines realen Standorts in Welt und Gesellschaft, treibt die dazugehörigen Sachwerte voran (kardinal), ruht auf der angestammten oder erworbenen Daseinsgrundlage, sorgt für ihre Sicherung oder die Wiederbeschaffung des Verbrauchten (fix), betätigt sich in Verfolgung konkreter Interessen, wozu auch der bedingungsangepaßte Umsatz persönlicher Gaben gehört, pfleglich bedacht auf das mit sich Identifizierte sowie auf das Funktionieren mechanischer Hilfsmittel (labil). Man betreibt das seiner Meinung nach unumgänglich Notwendige, relativ phantasiearm läßt einen das sachlich Unbegründete kalt. Tierkreiszeichen ♑, ♉, ♍.

Feurig, organisch

Gemeinsam ist die Einstellung auf frei gewählte und lebendige Auswirkung, auf Wirkung überhaupt, in diesem Sinne *Dynamismus,* oft improvisiert, mit Hilfe von Mitteln, wie sie sich gerade finden. Hier verankert sein läßt Wert legen auf Ausdehnung des *Wirkungsraums*. Man steuert autoritär seinen Zielen zu, treibt Abhängige oder Untergebene impulsiv gleichgerichtet an (kardinal), fühlt sich persönlich als Repräsentant eines Verantwortungskreises, bewahrt Lebenszuversicht, Selbstwert und Eigenmacht im vollen Einsatz von »leben und leben lassen« (fix), ertätigt sein Besonderes in intensivem und extensivem Ausspielen des Lebensschwungs, in Anforderungen und Behauptungen zuweilen über die Stränge schlagend (labil). Stets ein Verfechten der akuten Vorhaben mit Wärme, die auch an allem Mitlebendigen und den Bedürfnissen von Fremdpersonen Anteil nehmen läßt, es geschieht eher zuviel als zuwenig. Tierkreiszeichen ♈, ♌, ♐.

Wässerig, seelisch
Gemeinsam ist die Einstellung auf Gefühlsmöglichkeiten und erträumte Aussichten, in diesem Sinne *Psychismus.* Hier verankert sein bewertet vor allem das innenweltliche *Gestimmtsein,* dessen Schwankungen unterworfen, oft in Abwehr des äußerlich Dringlichen. Man tastet sich auf dem Wege der Selbstverwirklichung vorwärts, umhegt das Zugehörige und Angenommene, leitet Schützlinge an (kardinal), erprobt sich mit dem Risiko des Untergangs an strittigen Umständen oder erliegt den Verführungen, das Bleibende in Verwandlungen suchend (fix), gibt sich aus Stimmungsmotiven letztmöglichen Anforderungen hin, auch mitleidsbewegt anderen dienstbar, zuweilen Wanderung ins traumhafte Nichts zwischen den Dingen (labil). Stets emotionales Tun oder Lassen, mitbestimmt von unbewußten Regungen. Tierkreiszeichen ♋ , ♏ , ♓ .

Luftig, geistig
Gemeinsam ist die Einstellung auf durchsichtige Motive in einem denkbaren Modell der Wirklichkeit, in diesem Sinne *Logismus.* Hier verankert sein sieht die Werte in unsentimentaler *Überschaubarkeit,* der Mitwelt, ihrer Handlungen und der sachlichen Verhältnisse. Man kombiniert die Erscheinungen zur erträglichsten Mittellage, nimmt ausgleichende Stellungen ein und bevorzugt friedliche Lösungen der Probleme (kardinal), gründet seine Unternehmungen auf gleichgeschaltete Ideen der allgemeinen Sachlage, mitunter schablonenhaft und ohne Rücksicht auf unbewußte Imponderabilien, human und reformerisch (fix), beschäftigt sich lebhaft und wendig, mit Freude an wechselnden Aufgaben, durch pragmatische Soforterledigungen, seine Fertigkeiten daran erprobend und Nützliches hinzulernend (labil). Die Hochschätzung geistiger Mächte meidet rational nicht erklärbare Gefühle, verleitet häufig zur Abwertung von »Zurückgebliebenen«. Tierkreiszeichen ♎ , ♒ , ♊ .

131

Nochmals sei gesagt, daß die Schichtenlage keine *Bewertung* zuläßt und nicht etwa die »luftigen Zeichen« geistig hochstehende Menschen bzw. eine entwickeltere Denkfähigkeit, die »erdhaften Zeichen« größere Sachlichkeit angäben. Beim primitiven Menschen ist auch das Denken primitiv, Gebundenheit durch die Materialität ist noch keine Sachkundigkeit und bedeutet kein materialgemäßes Umgehen mit den Dingen. Es handelt sich lediglich um verschiedene Einstellungsformen bei Gleichwertigkeit aller zwölf Zeichen, die Entwicklungshöhe steht nicht im Kosmogramm.

Die »Tierkreisanlagen« werden somit inhaltlich angereichert aus der *Zugehörigkeit zur Quadrantenordnung sowie zur Ordnung der Seinsebenen*, außerdem besteht, wie noch darzustellen sein wird, ein Zusammenhang mit den Wesenskräften. Wenn wir die Merkmale der Schichtenstaffelung und der Kreisordnung kombinieren, sind es aber keine Ingredienzen, die nichts miteinander zu tun hätten. Ohne weiteres ist uns klar, daß das Kardinalzeichen des Bezugs zur seelischen Ebene, ⊛, dahin gehört, wo es um den inneren Aufschluß des Selbstseins geht; daß umgekehrt Gefühle und Innenleben nicht da angebracht wären, wo in Staat und Gesellschaft konkrete Formen des Menschheitsgültigen erreicht werden sollen. Im »Raum, in dem sich hart die Sachen stoßen«, muß das Kardinalzeichen der Materialität, ♑, liegen. Ebenso leuchtet ohne weiteres ein, daß nur das Kardinalzeichen des Organischen, ♈, die Ichhaftigkeit von Absichten robust durchzusetzen vermag, während das Kardinalzeichen der Geistigkeit, ♎, dem Begreiflichmachen der sinnlich rezipierten Anderheiten angemessen ist. Wir finden also zwanglos die Kardinalzeichen der Seinsbezogenheit den Eckpunkten der Quadranten zugeordnet.

Anders liegt es in bezug auf die Grundlagen, bei den fixen Zeichen. Die Einzelperson ruht fest in der stofflichen Konsistenz, ♉, worin sie sich einkörpert. Anklang im artverwandten Leben, dementsprechendes persönliches Wirken gehen nur aus festbewahrten organischen Werten, ♌, hervor. Der Zusammenhang einer Gemeinschaft braucht wiederum eine selten ohne Reibung hergestellte seelische Basis, ♍ , um in der Auseinandersetzung von Verschiedenheiten zu bestehen. Die Gesellschaftsordnung schließlich ruht in übereinstimmenden Meinungen und Weltansichten, ♒ , deren Gesammeltheit gegebenenfalls einen anders ausgerichteten Zwang sprengt. Bei den fixen Zeichen steht also das Ansteigen in der Quadrantenfolge analog dem ontischen Vierschichtenbau: erdhaft, organisch, seelisch, geistig.

Weniger durchsichtig erscheinen die labilen Zeichen, die Verwirklichungs-, Grenz- und Übergangsphänomene. Hierfür ziehen wir die Hälften-Gliederung des Quadrantenkreises zu Rate: rechts von der Senkrechten sind Bezirke organischen Kontakts, links davon solche relativer Kontaktlosigkeit, unterhalb der Waagrechten sind Bezirke des Wesenseigenen, oberhalb solche relativer Wesensfremdheit (auch als mehr introvertiert und mehr extravertiert zu verstehen). Aus diesem wird begreiflich, daß in ♐ der Lebensdrang sich gegen kontaktlose Realitäten aufbäumt, gleich einem Wildpferd, das erst zugeritten werden muß, im Gegenzeichen ♊ in einer Lern-Kameradschaft eine geistige Mithilfe zur Herstellung eines Kontakts von Person zu Person sich einstellt. Bei ♍ zieht sich das Selbsteigene gegenüber Befremdendem, zu dem das Zeichen doch hinleiten soll, in aller Konkretheit zusammen, während bei ♓ , dem Prinzip letzten seelischen Ausklangs, das Allgemeinmenschliche in das eigene Wesen überzuführen wäre.

Für solche schichtbezogenen Anlagen gilt zur Lösung der Probleme nach wie vor, was im Schema auf Seite 125 angegeben ist: im Materiellen die *Sache,* im Organischen die *Tat,* im Seelischen das *Bild,* im Geistigen die *Idee.* Derartige *Mehrbetonungen bestimmter Seinsebenen* kommen in Einseitigkeiten der *Temperamente* zum Vorschein. Da aber praktisch jeder von uns auf allen Ebenen in der Vierschichtung des Seins überhaupt lebt, zeigen sich hier Entwicklungsmöglichkeiten über die individuellen Neigungen hinaus, indem wir nämlich das latent in uns Vorhandene und damit die menschliche Vollständigkeit stärken. Anstrebenswert ist ein

Gleichmaß von *Realisieren, Wollen, Fühlen* und *Denken* in der Verwirklichung ihrer Grundwerte: Materialgemäßheit, Gestaltungskraft, Gefühlsbedeutung, Geistesordnung. Dies sei in parallele Aufreihungen gefaßt:

LUFT	geistig	Durchlichtung	Denken	Idee	Ordnung
WASSER	seelisch	Mitschwingen	Fühlen	Bild	Bedeutung
FEUER	organisch	Ausformen	Wollen	Tat	Gestalt
ERDE	materiell	Verstofflichen	Realisieren	Sache	Material

Was – in den antiken vier Elementen gesprochen – »Feuer« und »Wasser« trennt, ist seit Descartes die Scheidelinie zwischen den *res extensa,* denen der Organismus zugeordnet wurde, und den *res cogitans,* welche die Seelenbilder begrifflich beschlagnahmten. In jahrhundertelangem Fehlurteil wurde der Organismus lediglich als raumfüllender Körper nach Gesetzen seiner Materialität betrachtet. Dem organischen Sein als etwas *räumlich und zeitlich sich selbst Gestaltendem* war damit die Eigenständigkeit abgesprochen. Andererseits konnten Gestalt und Ganzheitsfunktion nie aus der »res cogitans« hinreichend erklärt werden, und deren Oberherrschaft über die innere Welt ist auch der Seelenkunde schlecht bekommen. Bei allem durch diese Unterscheidung erzielten wissenschaftlichen Fortschritt ist hier der Keil zu suchen, der unser Weltbild auseinanderreißt und uns selber spaltet.

Mit den dargelegten Inhalten der *Quadranten* und der *Seinsebenen,* jeweils in *Prinzipien des Wirkens und Werdens* auftretend, ergibt sich eine symmetrische *Zwölfheit.* Sehen wir in jedem Quadranten ein Hintereinander von kardinal, fix, labil, so bilden sich in bezug auf die Seinsebenen vier gleichschenklige Dreiecke, die sich, von den Kardinalpunkten ausgehend, zum Zwölfstern ergänzen. Diese Durchdringung der Quaternität mit der Trinität galt seit je als die vollkommenste Mandalafigur: der Tierkreis. Eine solche Symmetrie unterstreicht die Dringlichkeit, das Problem der Vereinbarkeit von Zahlenordnung und regellosem Vielerlei empirischer Dinge erkenntnistheoretisch zu lösen.

Eine gewisse Rechtfertigung bekommt Wundts Einteilung nach stark und schwach, wenn wir synonym den so unterschiedenen Temperamenten die Elemente »Feuer« und »Luft« zusammengefaßt den Elementen »Erde« und »Wasser« entgegenhalten. In der abendländischen Tradition wird hierin nach »männlichen« und »weiblichen« Zeichen unterschieden, dies ist, wie die gleichsinnige chinesische Unterscheidung von »Yang« und »Yin«, als *kosmische Geschlechtlichkeit* aufzufassen, die nicht mit dem *biologischen* Geschlecht übereinzustimmen braucht.

Um Verwechslungen zu vermeiden, spreche ich von *tätiger* und *leidender* Form. Auch dies ist natürlich ohne Werturteil zu verstehen. Die Symmetrie unterstützend, zeigt sich in der Kreisfolge ein gleichmäßiger Wechsel der im folgenden Schaubild mit + und − markierten Zeichen.

Tätige Form. + Die Einstellung, auf die Dinge zuzugehen und die Situation zu packen, wie sie ist; die Angelegenheiten rasch und kräftig zu erledigen, das Herantretende je nach Brauchbarkeit für das eigene Vorhaben in die Gewalt zu bekommen. In der Gesamthaltung die Oberhand wahrend, dynamisch.

Leidende Form. − Die Einstellung, Dinge an sich herankommen, das in Gang Befindliche laufen zu lassen, ungeachtet nachhaltiger Einwirkung auf sich; Wirkungen erleidend sich anzupassen und unterzuordnen. In der Gesamthaltung mehr stoffgebunden und abwartend.

135

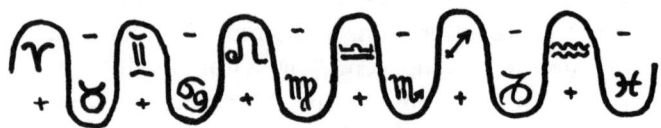

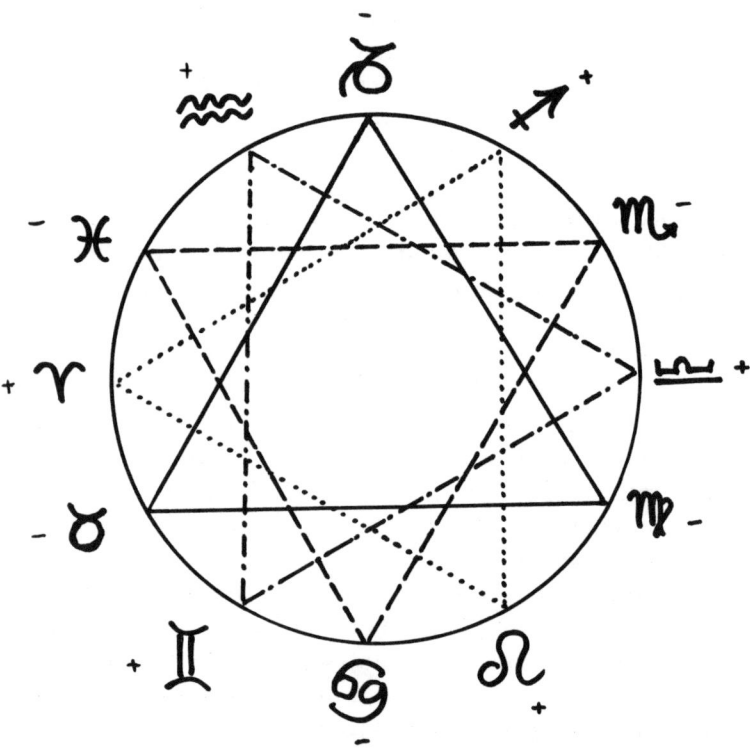

——— ERDE   ····· FEUER

------- WASSER   ·-·-·-· LUFT

Die so in den Kreis eingebundenen Zugehörigkeiten ergeben aufgezeichnet eine Anordnung jeder Seinsebene im gleichschenkligen Dreieck. Die Elemente »Erde« und »Wasser«, »Feuer« und »Luft« stehen sich in dieser symmetrischen Ordnung gegenüber, entsprechend den Gegensatzpaaren der Zeichen. In der Gliederung des Vierschichtenbaus ergänzt sich das auf Seite 90 gebrachte Schema zu einer Aufreihung von Äußerungsbildern, die in den entsprechenden Zeichen anzutreffen sind. Es geht in den entsprechenden Zeichen um *denkendes Durchleuchten*, um Ideen (Luft), *fühlendes Mitschwingen*, um Bedeutung (Wasser), *wollendes Ausformen*, um Gestalt (Feuer), *realisierte Verstofflichung*, um Sache (Erde).

7
QUERBEZIEHUNGEN
ZWISCHEN KRAFT UND AUSDRUCK

Bei *mechanischer Energie* sprechen wir von bewegten Massen, den Ursachen dieser Bewegung und den Widerständen, welche die Intensität der Bewegung verringern oder sie ganz aufheben. Dies erschöpft sich in der Messung unter mathematischem Aufwand. Sprechen wir hingegen von *Wesenskräften,* so geht es nicht nur um die Arbeitsleistung mechanischer Energie. Auch nicht, wenn das bildnerische Werk getan scheint und die Lebensgestalt »fertig« vor Augen steht. Aus der Beschlossenheit der Kräfte im Lebensganzen tritt vielmehr etwas hinzu, was über die Mechanik hinausgeht, der *Ausdruck.* Er zeigt sich im Verhalten des *Kraftträgers,* unserer Beobachtung zugänglich am Menschen, bei dem die Kräfte individuell weiterwirken. Da dies subjektive Verhalten qualitativer Art ist, kann es nicht im quantitativen Verfahren, der Messung, ermittelt werden. Doch ganz ohne Zahlenbezug ist es deswegen nicht. Die Zahl drängt sich uns auf, in einfachster Form mit dem Anfang der Zählung überhaupt, der *Ent-Zweiung des Einheitlichen in Extreme;* das Verhalten kann mit der Eigenart der Wesenskraft *übereinstimmen* oder in *Widerspruch* dazu stehen.

In bezug auf das Verhalten sprechen wir bezüglich des Widerspruchs natürlich nicht von beiläufigen und begrifflich konstruierten Widersprüchen. Wir meinen eine Beziehung von Kraft und Ausdruck in der *Charakteranlage als solcher.* Dies verlangt, das Verhältnis der dargelegten prinzipiellen

Verhaltensweisen zu den Prinzipien der Wesenskräfte abzuschätzen. Bei der astrologischen Kontrolle der Ergebnisse muß sich die Richtigkeit ausweisen durch die Stellung der Planeten in den Tierkreiszeichen.

Eine solche Abwandlung darf kein »hölzernes Eisen« liefern. Mars bleibt immer Mars, aktive Entäußerung, nur auf verschiedene Weise betätigt. Die Äußerung kann hart, scharf oder sanft, milde sein, bedachtsam oder unvorsichtig vorgehend, rasch und schlagartig ansetzen oder langsam und nachhaltig wirken wollen. Es gibt seelische Kraftäußerungen, auch Schweigen kann unter Umständen etwas bewirken. Solche Modulationen soll uns das Zeichen der Marsstellung sagen, diesen Zusammenhang wollen wir kennenlernen.

Vor der empirischen Untersuchung suchen wir also den *gesetzmäßigen Zusammenhang,* wofür die Zweizahl einen Anhalt gibt. Eine Zwei drückt nicht immer schlechthin Unterschiedliches oder strenger Gegensätzliches aus, sondern auch polar Zusammengehöriges, vor allem im Organischen. Als derartige Gegensatzpaare begriffen wir die Wesenskräfte analog äußeren oder inneren Planetenbahnen zur Erdbahn (vgl. Seite 73 ff.). Auch in den kreisläufigen Systemen hat das, was sich raumzeitlich gegenüberliegt, gegensätzliche Bedeutung. Bringen wir nun Kraft- und Verhaltensprinzipien zusammen, dann müßte der Gegensatz des einen sich mit dem des anderen decken; die oben genannten Extreme »Übereinstimmung« und »Widerspruch« müßten sich daraus ergeben, daß die einander gegenüberliegenden Kreisabschnitte mit polar einander entgegengesetzten Wesenskräften verwandt sind.

In der astrologischen Tradition heißt dies die *Dominanz* der Planeten über die Zeichen. Mars etwa gilt als »Herr« über die Zeichen Widder und Skorpion, er »regiert« sie, sagt man. So richtig die Zuordnung gesehen wurde, so verkehrt wäre die Vorstellung einer Herrschaft der Kraft über den Ausdruck. Dieser ist lediglich die Äußerungsweise der Kraft, das Verhalten, und es fragt sich, ob nicht eine übergeordnete Gesetzmäßigkeit das Verhalten mitbestimmt. In unserem

Zusammenhang wäre dies der Lebenskreis, die Folge von Phasen in der Auseinandersetzung des Organischen mit der Welt. Jedes Zeichen ist eine Phase dieser Gesetzmäßigkeit. Wir gewinnen ein richtigeres Bild durch den Vergleich mit *Legislative* und *Exekutive,* gesetzgebender und ausführender Gewalt im Staatswesen. Die Gewalt ausübenden Staatsorgane sind dem geregelt lebenden Ganzen dienlich und verhalten sich ihrem Auftrag gemäß, wenn sie das in der Verfassung für sie vorgesehene Verhaltensprinzip strikt innehalten.

Ist die Zwölfgliederung des Lebenskreises als Rahmen der Kräfteäußerung anerkannt, halten wir ferner an der Forderung polar zusammengehöriger Gegensätze in der Querverbindung fest, so ergibt sich eine formale Schwierigkeit. Die Einpassung einer *Siebenheit* in eine *Zwölfheit* ist problematisch. Bei einer Sechszahl von Wesenskräften wäre es einfach, je zwei verwandte Zeichen wären dann zu erwarten. Gilt darum eine Kraft als überzählig? Hier kommt die eigentümliche, gegensatzverwandte Zusammengehörigkeit von ⊙ und ☽ zur Geltung. Im astronomischen Modell ist zu erwägen: die Erde, unser Lebensschauplatz, bedeutet für die Sonne dasselbe, was der Mond für die Erde ist, ein Trabant. Dies entspricht, im Rückbezug auf uns, dem schon angedeuteten Verhältnis von lebenspendendem Zentrum und, umweltgerichtet, lebenverbrauchender Peripherie. In der astrologischen Tradition heißen Sonne und Mond »die beiden Lichter«, gemeint als das Gebende der Lichtstrahlung und das Empfangende, Reflektierende. Dies umschreibt einen für uns erschließbaren Bedeutungsgehalt. Greifen wir auf den Vierschichtenbau der Seinsebenen zurück, dann zeigen sich die beiden mittleren Ebenen, das Organische und das Seelische, als die eigentlich lebenstragenden Schichten: in den Umraum *hinaus* sich gestaltendes und aus dem Umraum in Form von Anregung *herein* gezogenes Leben. Demgemäß wäre den beiden gegensätzlich zusammengehörigen Haupt-Lebenssymbolen je ein Zeichen, ein feuriges und ein wässeriges, zuzuordnen, eines der gebenden und eines der ansaugenden Vitalität. Ordnen wir nun den übrigen

Kraftsymbolen je zwei Zeichen zu, dann ist das Problem der verschiedenen Zahlenordnungen gelöst.

Mit dieser Anordnung sowie der auf der vorigen Seite ausgesprochenen Forderung, daß gegensätzliche Kräftepaare zu sich gegenüberliegenden Zeichen in Beziehung stehen sollen, gerecht werdend, stellt sich uns noch eine weitere Forderung aus dem Verhältnis der Seinsebenen im Vierschichtenbau. Denken wir entsprechend dem Schaubild auf Seite 76 an die Charakteristik der solaren und der saturnalen Reihe. Zeichen in Beziehung zu Kräften des *aktiven Lebensschwungs* können nur feurige oder wässerige, solche in Beziehung zu Kräften der *passiven Sachbindung* können nur erdhafte und luftige Zeichen sein (aktiv und passiv bezieht sich hier auf unmittelbare organische Tätigkeit und Seelenlage oder auf Mittelbarkeit als Baustoff sowie ideell-proportionale Bestimmtheit der Gestalt).

Diese Forderungen erfüllen sich in den traditionellen Zuordnungen, welche die Zugehörigkeiten in ein symmetrisches Verhältnis zueinander setzen. Es wird im folgenden zur Schau gebracht.

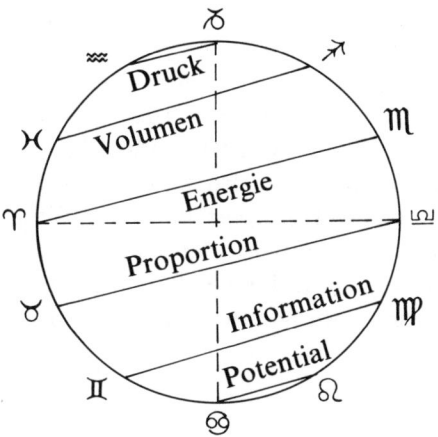

Im Zentrum des Schaubildes steht der irdische Bezugspunkt. Er wird durchkreuzt von »Aktualität« und »Dauer« (punktierte Linien) analog der Achse des Besonderen und des Allgemeinen in der Qudrantenordnung (vgl. Seite 100 f.). Aktualität eines Geschehens, sinngemäß in der Spanne von ♈ zu ♎ , versteht sich von selbst. Dauer, in der Spanne von ♋ zu ♑ gegeben, meint das Verhältnis des von sich aus unendlichen Lebens gegenüber der einem Organismus durch summiert zusammengedrängte Bedingungen zugemessenen Lebenszeit. Die Zugehörigkeiten von Planet und Zeichen sind in parallel gehende Schrägen gefaßt. Sie staffeln sich vom irdischen Bezugspunkt (Zentrum) aus analog den Umlaufbahnen der äußeren und inneren Planeten. Von dieser astronomischen Anordnung sticht der Erdtrabant ab, für uns, wie gesagt, bedeutungshaft mit dem Zentralgestirn verkoppelt. Zusammengezogen sind ☽ als Symbol der *Lebensfülle, Mannigfaltigkeit* und des *organischen Wirkungsumfanges* sowie ☉ als Symbol der *Schaffenspotenz,* des einigenden *Drehpunkts eines Ganzen.* Diese beiden Lebenssymbole stehen vereint im Gegensatz zu   als dem Symbol der *grenzensetzenden Bedingtheit,* innerhalb derer aber auch des *Wiederersatzes verbrauchter Bestandteile.*

In den beiden einer Wesenskraft zugeordneten Verhaltensprinzipien bekundet sich jeweils eine bestimmte Seite dieser Kraft. Es ist diejenige Wirkungsweise der Kraft, welche dem Quadranten, dem das verwandte Zeichen zugehört, entspricht. Damit zeigt sich im Ausdruck eine Differenzierung, die auch so verstanden werden kann, daß die Kräfte, um zum lebensdienlichen Ausdruck zu gelangen, von ihren Fähigkeiten das einsetzen, was dem betreffenden Abschnitt des Lebenskreises gemäß ist. So erweisen die Kräfte ihren organischen Bezug, und die Zeichen erhalten dadurch einen ihr Prinzip vervollständigenden Zusatz zum bisher Erläuterten.

Die den Beziehungs-Schrägen im Schaubild gegebenen Begriffe sind zu verstehen als das Zusammenfassende der Unterschiede, wie im folgenden dargestellt.

142

♂, aktive Entäußerung, folgt auch im organischen Einsatz den beiden mechanischen Grundformen *kinetische und potentielle Energie.* Kinetischer Art ist der ein Handeln auslösende spontane Charakter des feurigen Zeichens ♈ . Der Anfang des Tierkreises bedeutet den Beginn jeder eigenwilligen Auseinandersetzung mit der Welt. Dem entspricht die Tendenz zu Erstmaligkeiten, Landnahme, Pionierleistungen; das Prinzip strebt gradewegs durch die Bedingtheit der Dinge hindurch auf das jeweilige Ziel hin. Was wir dagegen potentielle Energie nennen, ergibt sich aus der Lage einer Sache im Spannungsgefälle zu anderem. Diese »Energie der Lage«, auf die seelische Ebene übersetzt, bekommt die bei ♏ gefundene Art der Reaktion auf Umweltliches, oft allergisch in bezug auf bestimmte Personen oder Dinge. Es ist sozusagen eine Aktivität in Alarmbereitschaft, die durch Notsignale bzw. Reizworte herausgelockt wird.

♀, passive Zuordnung und Proportion von Teilen eines Ganzen, im Organismus hergestelltes Gleichgewicht von Massen und Bewegungen, äußert sich in Form der *Harmonie nach innen wie nach außen.* Das innere Gleichgewicht beruht auf Genügen an vorhandener, assimilierter Substanz. Dies entspricht dem naiven Insichgeschlossensein des Erdzeichens ♉ ; im Fall von Störungen stellt sich die Harmonie wieder her durch interstrukturelle, also meist unbewußte Ausgleichungen. Die Harmonie nach außen braucht weltoffene Einfügung in die jeweilige Situation, also umweltlich und mehr geistig orientiert in ständigem Auswägen der Eindrücke, sowie ein Angleichen an das für die Sinne Zugkräftige. Dies ist dem luftigen Zeichen ♎ gemäß, lebhaft reagibel auf Beanspruchungen, indolent bei fehlender Anregung.

♃, sinnhafte Rückbindung an das Hauptanliegen, sucht dies optimal zu verwirklichen in *höchstmöglichem und weitestgehendem Aufschwung und Ausmaß,* im expansiven Drang der inneren Stimme, der »vernehmenden Vernunft« folgend. Mehr dramatisch kommt dies zum Ausdruck in der raumerobernden Tendenz des impulsiben, zielstrebigen, begeisterungswilligen und projektiv fordernden Feuerzeichens ♐ , seiner reizbaren Unruhe im Auf und Nieder, dem stolzen »Alles oder Nichts«. Auf stillere Weise äußert sich das seelische Volumen, hingebungsbereit und fernstrebig, ablenkbar in praktischen Unternehmungen, gemäß dem empfindsamen und wandlungsbereiten Wasserzeichen ♓ , sein wechselvolles Vordringen von Horizont zu Horizont, bei äußerem Weltverlorensein, reguliert sich mehr aus psychischen Einweisungen.

☿ , zweckhafte Aussonderung, reguliert, die Abgegrenztheit des Organismus überwindend, sachgerechte Anpassung an die umweltliche Lage mit *Speicherung von Merkreizen und Information* durch sie. Der sorgsamen Selbstbewahrung darin entspricht die Methodik des Erdzeichens ♍ , seiner in Einzelheiten genauen Beobachtung mit Einbehalten der Spannung, der sorgsamen Prüfung, kritischen Untersuchung des Herantretenden mit Nichtberücksichtigen oder Abweisung des Befremdenden. Mehr bedenkenlos praktischer Umsatz empfangener Informationen findet sich im luftigen Zeichen ♊ , seinem Nützlichkeitsgeist mit überschläglicher Urteilsform, der rasch und unbeschwert zum Ergebnis drängenden beweglichen Taktik, Schwierigkeiten klug und geschickt ausweichend.

☉ und ☽ , Lebensmitte und Weltbezug vereint, Zentrum und Peripherie der Schaffenskräfte, umreißen das *Potential* des Lebewesens. Die organischen Möglichkeiten dieser gedoppelten Wirkungskraft spielen sich einerseits aus im Feuerzeichen ♌ , seiner Wärme und Gegenwärtigkeit des Herzens, der robusten Selbstmächtigkeit, dem selten um Mittel verlegenen »Leben und leben lassen«, auch in den präpotenten Übertreibungen. Anderseits die seelischen Möglichkeiten, mehr lebenshungrig als in gleichmäßigen Verpflichtungen stets darüber verfügend, suchen ihren Umfang zu verwirklichen im wässerigen Zeichen ♋ , in seinen mannigfaltigen Gefühlsregungen und Phantasiebildern des Zuspruchs und der inneren Sammlung bedürftig, sonst verspielt im Unsicheren tastend. Die Intensität und Breite des Eigenlebens kommt bei diesem Kräftepaar in improvisierten Handlungen zum Vorschein.

♄, realbedingtes Baugesetz, begegnet dem schöpferischen Spiel des Lebens mit dem Druck der Bedingungen, es ist für den Lebensimpuls *Grenze und Abschluß sowie Überlebensdauer.* In der Materialität der Welt und dem sozialen Pflichtendruck bewährt sich das Erdzeichen , teils durch Widerstandskraft, Gesetzestreue, teils durch konkrete Erfahrung und Geduld, mit der man langfristige Vorhaben durchsetzt und, wenn auch unter der Schwere des Auferlegten seufzend, seine Stunde abwarten kann. Dies komprimierende, formstrenge Verhalten lockert sich auf, bei gleicher Sachlichkeit, im geistigen Überblick, wie er dem luftigen Zeichen entspricht. Man erlangt freie Verfügung über Formalitäten, Schemata, tabellarische Aufzählungen, begriffliche Dispositionen und kann beim Wiederersatz von Verbrauchtem gegebenenfalls überholte Formen durch neue ersetzen.

In der gewahrt bleibenden Symmetrie der Durchdringung von *Quaternität* und *Trinität* bringen die Querbeziehungen die *Dualität* in den Vordergrund. Dem entspricht es, daß jede Wesenskraft sowohl in *tätiger* als auch in *leidender* Form aufscheint und die Doppelheit von ⊙ und ☽ in der einen und der anderen. Mit der Einbeziehung des »kosmischen Geschlechts« zeigt sich die Verflechtung von Kraft und Ausdruck in vollkommenster Form. Gleichgeschlechtlich in diesem Sinne stehen sich im Bezugsbild immer polar einander ergänzende Wesenskräfte gegenüber.

So wird uns nahegelegt, das von Goethe geforderte »Alphabet des Weltgeistes« (vgl. Seite 95) in diesen Elementen gefunden zu sehen und sie als die lebendigen Vokabeln der Schöpfung zu betrachten. Die unwahrscheinliche Symmetrie gemahnt uns aber an das erkenntnistheoretische Problem, wie mit solcher formalästhetischen Abrundung der Determination die faktische Ungeregeltheit der im Lebensstrom auftauchenden Dinge vereinbar sei. Das Wort »Entsprechung« dafür könnte als Rückversicherung für die von uns behauptete freie Entscheidungswahl angesehen werden.

Eine Lücke der Symmetrie scheint es aufzureißen, wenn wir in der Zuordnung über die Saturngrenze hinausgehen.

Tatsächlich hat die Astrologie diesen Schritt getan und läßt für ♄ nur ♑ gelten, schreitet weiter mit ♒ in Beziehung zu ♅, mit ♓ in der Beziehung zu ♆. Es finden sich zustimmende Beobachtungen. Doch die Frage der *Ausschließlichkeit* solcher Zuweisungen oder eines *Zusatzes* zur »klassischen Symmetrie« stellt uns erneut vor das Verhältnis der Transsaturnier zum engeren Bezugssystem bis Saturn.

Nach dem im Kapitel »Die Wesenskräfte« erläuterten Verhältnis handelt es sich um etwas, was über das zur Existenz eines Lebewesens *unumgänglich Notwendige* hinausgeht. Dementsprechend wären Bezüge aufzusuchen zu dem, was die Normalität – welche in der dargelegten Symmetrie befaßt bleibt – überschreitet.

Begreifen wir ♅ als das Umschwungbewirkende, das revolutionäre Element, allgemein als *Mutation*, vererbbare Gestaltänderung, so kann er unter ♒ nicht die reformerischen Neuerungen betreffen, die nur als Wiederersatz von Verbrauchtem zustandekommen. Dies sind durchaus saturnale Fortbildungen der traditionellen Tektonik unter veränderten Verhältnissen, alte Entsprechungen als überholt betrachtend und sie in zeitgemäßer Form, inzwischen herausgebildet, ersetzend. Die vielberufene »Modernität« von ♒ ist vorwiegend neuer Wein in alten Schläuchen. Erst eine durchgreifende Strukturänderung, im kollektiven Maßstab die *radikal veränderte Gesellschaftsordnung,* rechtfertigt eine transsaturnische Zuweisung. Verstehen wir die Dreigliederung des IV. Quadranten, dem ♒ angehört, als »Produktion, Distribution, Konsumtion«, dann wäre »uranisch«, gemäß dem mittleren Begriff (der Verteilung), eine radikale *Umverteilung* von Besitz, Lebens- und Wohnverhältnissen, Rechtsordnung usw., also die revolutionäre Neuordnung der Gesellschaftsstruktur und der sozialen Funktionen. Individuell sind es die intuitiven Geistesblitze außerhalb des logisch Erschließbaren, von irrationaler Gewißheit begleitete Eingebungen, die uns vorher dunkle Zusammenhänge taghell beleuchten und bereits Bekanntes in neuem Licht erscheinen lassen, nachträglicher Prüfung standhaltend. Sie sind selten, aber auf allen Gebieten möglich, oft genug als Durchbruch durch eine Krise, die sich aus Unzulänglichkeiten überfälliger Betrachtungsweise und beengenden Verhältnissen – aus saturnal Erstarrtem – zusammenzieht. Erst wenn der Januskopf sein anderes Gesicht zeigt, bekommt ♒ einen »uranischen« Zusatz. Mit Recht kann er im gesellschaftlichen Raum, schon bei vorausblickenden, eine tragfähige Neuordnung anstrebenden, erfinderischen und Umstürzendes entdeckenden Geistern, gelten. Doch das Zeichen macht nicht den Mann, ohne die instrumentale Vollkommenheit der Individuen äußern sich alle Transsaturnier in Halbheiten und Störungen. Dem Heer der Blender, Eigenbrödler, verantwortungslosen Rebellen oder unterbelichteten Neugeistverehrer kann dies nur als symmetriestörender Zusatz zugesprochen werden.

Ähnlich liegt es mit der Zuweisung von ♓ an ♆ , dem Grenzüberschreitenden, allgemein der *Partizipation*. Wäre alles, was in Ahnungen, Visionen, medialen Aussagen und Halluzinationen auftaucht, schon Übergang zur universellen Harmonie, dann wäre unser seelisches Volumen schlechthin allumfassend. Die Bilder hingegen, die wir uns davon machen, spiegeln unsere beschränkte Vorstellungswelt, zusätzlich einem Drang, über die anthropomorphe Grenze hinauszugehen. Es können Durchbrüche gelingen in Form von außersinnlicher Wahrnehmung, echter Prophetie oder Hellsehen; auch Spuk, magische Praktiken können von ungewöhnlichen Zusammenhängen zeugen, und personentbundene Phantasie streift zuweilen das Unsagbare. All dies hat Zugkraft für den relativ ichlosen Zustand ♓ , doch meist in unkontrollierter, berauschender, das eigene Volumen störender Form. Was als absolute transzendentale Wahrheit genommen wird, ist bestenfalls etwas *Durchscheinendes von Symbolwert*. Als solcher kann er mit kritischer Vorsicht der Erkenntnis zugeführt werden und gibt der anthropomorphen Beschränkung von ♓ einen »neptunischen« Zusatz.

Ganz fragwürdig ist nach dem Gesagten die Zuordnung von ♇ , dem gestaltwandelnden Element, allgemein *Metamorphose*, Ausbildung einer anderen Daseinsform durch einen Verpuppungszustand hindurch. Auf seelischer Ebene wäre dies eine radikale Wandlung, die von Nietzsche verkündete »Umwertung der Werte«. Auf der organischen Ebene wäre dies ein Ausbruch überwertiger Energie, das heißt aufgestauter Dynamik, die an normale Zielsetzungen nicht verausgabt werden konnte und durch eintretende Entschlüsselungen frei wird. Dies ist vorzugsweise der Fall, wenn im Gefolge kollektiver Umwälzungen einem vorher in eingeschränkten Verhältnissen lebenden Menschen eine Verfügungsgewalt gegeben wird, für die er nicht vorbereitet war. (Wir erlebten es in teilweise erschreckender Form im »Dritten Reich«, als Parteibeauftragte eine Macht über Leben und Tod von Mitmenschen bekamen! Doch tritt dies auch in anderen Diktaturen ein.) Ebenfalls mit kollektiven Umwälzungen hängt das Schicksal Vertriebener, Ausgebombter, Umsiedler usw. zusammen, die, in neue Verhältnisse versetzt, ihre Existenz wieder aufbauen mußten. Störungen der Normalität überwiegen aber auch in all diesen Formen die seltenen positiven Umwandlungen. In seelischer Wandlung zeigt sich die Verwandtschaft mit ♏ , rein energetisch die Verwandtschaft mit ♈ , beides Marszeichen. Die Note der Umwandlung ist stärker bei ♏ . Doch es fragt sich überhaupt, ob dies »Zusätzliche« der Transsaturnier nicht als Zugriff von Mächten des Unbewußten, in ihren Verbindungen zum Transzendentalen, zu den normalen organischen Bildkräften zu suchen sei. Dies hieße ein geheimer Bezug der Reihe ♅ , ♆ , ♇ zu ♄ , ♃ , ♂ in beiden Bezugsformen.

Erklären würde sich daraus z.B. bei ♐ die Ausstattung ver-
ehrter Personen mit einem Nimbus, die manchmal absurde
Verstiegenheit in hochgesteckten Zielen usw., bei ♒ die
geheime Beziehung eines Umbaues der Verhältnisse zur traditionellen Tektonik bei ♑ . Die Rechtfertigung solcher spe-
kulativer Gedanken kann sich nur aus diffizilen Beobachtungen und einer Weiterführung der Entdeckungen ergeben.

8

INTERSTRUKTURELLE BEZIEHUNGEN

Johannes Kepler gebrauchte den Ausdruck »geometrischer Instinkt« für spontanes Befolgen von Zahlenordnungen und ein Wissen davon, »ohne daß es der Geist je gelernt hat«[16]. Für C. G. Jung war die Zahl der bewußt gewordene »*Archetypus der Ordnung«*. Eine solche von verschiedenen Voraussetzungen her angenommene vorbewußte Disposition rührt die Frage auf: Ist die Geometrie eine Konstruktion unseres Verstandes, oder steckt sie in der Natur? Nicht darum geht es, wie wir zu geometrischen Sätzen kommen, sondern um die *Vorfindlichkeit geometrischer Verhältnisse*. Auch wenn die Geometrie eine Fiktion zum Zweck der Rechnung wäre, müßte man dies doch unterscheiden von der hypothetischen Kombination, deren Gültigkeit durch Erfahrung bestätigt werden kann. Manchem scheint die Relativitätstheorie, indem sie die früher absolut gedachte Auffassung von Raum und Zeit auflöste, bewiesen zu haben, daß Geometrie eine Verstandeskonstruktion sei. Doch die Aufhebung der euklidischen Geometrie im »gekrümmten Raum« des relativistischen Raum-Zeit-Kontinuums, wichtig für die subatomare Welt, beläßt sie ebenso wie die kompakte Masse in der Welt »mittlerer Ausmessung«, der unsere Lebenswirklichkeit angehört. Dächte ein Physiker, der wie F. Capra eine Annäherung der modernen Atomphysik an die Erkenntnisse östlicher Mystik sieht, nicht an die Ordnungskonstanten unseres materiellen Weltverständnisses, so beginge er in seinem Fach denselben Fehler wie ein Psychologe in seinem, wenn dieser alle Eigenheiten eines Menschen als relative Einstellungsformen und Reaktionen ohne anthropologischen Grundtypus verstünde. Für Kepler war der »sechseckige Schnee« eine Naturtatsache, und in der Bienenwabe sah er ein Baugesetz, das der Biene innewohnt. Darwinistisch gedacht, kam die Biene durch Erfahrung zu dieser materialsparenden Figur. Abgesehen von Auffassungen so oder so, wird aber kein Chemiker behaupten, die für die organische Chemie so bedeutungsvolle Benzolformel C_6H_6 sei lediglich eine Angelegenheit unseres Verstandes, und keine irrationale Bewegung eines subatomaren Teilchens widerlegt die geometrische Statik eines Bergkristalls.

Es zeigt sich eine Doppelgesichtigkeit der Zahl als *Rechenziffer* und als *Ordnungszahl*. Die Rechenziffer meint das *Quantitative* schlechthin und gehört zu einer Welt mechanischer Kräfte, in welcher das »mehr oder weniger« entscheidet. Die Dinge stehen dabei in Beziehung nach dem Verhältnis von Energie und Masse. In übertragenem Sinne sprechen wir von »rechnerischen Funktionswerten«. Doch *Qualitativa im eigentlichen Sinne* gibt es erst in organischer Hinsicht, im Wert eines physikalischen Quantums oder einer chemischen Eigenschaft oder eines Buches, eines Kunstwerks *für* den Lebensprozeß. Dieses »für«, das Relative, ist dem Wesen des Wertes unabdinglich. Werte an sich gibt es nicht. Eine Aufstellung »absoluter ethischer Werte« etwa zieht ihre pragmatische Berechtigung aus Forderungen »für« den Menschen, wie er sein sollte. Ein solches »Wertreich« hängt an einem idealen Gebilde, hier einer ethischen Forderung. Werte verschiedener Komponenten in einem idealen oder realen Ganzen aber, ihre *interstrukturelle* Beziehung, erfassen wir in der *Ordnungszahl*.

Reden wir gemeinhin von psychischen Werten, so geraten wir in subjektive Schätzungen, sie schwanken ohne objektiven Halt mit ihrem wechselnden Platz im Gefühlsleben. Diskussionen darüber rollen individuell Beliebiges auf und enden gewöhnlich mit einem Kompromiß, der lebensfähigen

Abstimmung solcher Schätzungen aufeinander. Nur wer in der subjektiven Wertgebung erstarrt, sei es durch Dogmatisierung, sei es, weil er mit bestimmten Werten einen Lustgewinn verknüpft, von dem er nicht lassen will, geht keinen solchen Kompromiß ein. Wertschätzungen dieser Herkunft sind unbestimmt.

Mit Harmonie oder Dissonanz, wenn auf diese Weise subjektiv gefühlsmäßig gebraucht, fassen wir keinen Grund bei astrologischen »Aspektwerten«. »Wat dem een sin Uhl, is dem annern sin Nachtigall«, heißt ein plattdeutsches Sprichwort. Aspekte oder Anblicke bezeichnen in der Astrologie den jeweiligen Winkel Planet x – Erde – Planet y, den Anblick zweier Gestirne vom Erdmittelpunkt aus. Wenn wir der astrologischen Tradition folgen, dann entspricht bestimmten Winkeln ein bestimmter Wert in der Beziehung der mit Planetennamen bezeichneten Wesenskräfte.

In einer solchen Behauptung kann ein Sinn liegen, wenn *Beziehungen innerhalb eines Ganzen* auf ein in Zahlen ausdrückbares Verhältnis gebracht werden können. Rein quantitativ kennen wir dies aus den Formeln chemischer Stoffe, qualitativ ist es ausschlaggebend für die Musik. Nun qualitativ gemeint, im Charakterlichen, geht es um das Innehalten bestimmter Grundwerte eines Ganzen bei der Auswirkung von *Kräften,* also mitsprechende Dynamik und Veränderlichkeit. Es ist ein *organisches* Ganzes und es sind die zu seinem Ganzsein *unerläßlichen* Kräfte, die als lebenswichtige Bestandteile der Ganzheit stets zusammenwirken. Das Eigentümliche jeder Kraft will im Zusammenspiel gewahrt bleiben, doch wiederum nur im *Zusammenspiel aller Kräfte* kann sich dies Eigentümliche als Dienstleistung am Ganzen entfalten. Ein Aspektwert ist zunächst die Beziehung zwischen *zwei* Kräften. Der Wert im Ganzen bezieht sich aber nicht nur auf das Verhältnis dieser beiden Kräfte, sondern deren Aspektwert ist mit abhängig von den Beziehungen der anderen Kräfte, er ist die Schattierung eines *Wertganzen.* Der einzelne Aspekt will also als Bauglied des ganzen Aspektgerüsts betrachtet werden. Da aber das im Aspektgerüst summarisch gekennzeichnete Wertganze identisch ist mit der *organischen Einheitlichkeit eines Menschen,* muß der Wertcharakter der verschiedenen Aspektarten beurteilt werden aus der Bedeutung des Ineinandergreifens von Einzelkomponenten eines Ganzen.

In diesem Sinne gebrauche ich statt des mißverständlichen »harmonisch« den Ausdruck *synthetisch,* für das ebenso mißverständliche »dissonant« den Ausdruck »analytisch«. Synthese meint ein *sich ergänzendes Zusammenwirken* der Kräfte zugunsten der organischen Einheit, Analyse meint die Aufteilung dieser Einheit, indem die Kräfte sich *verselbständigen,* aus der Obsorge für das Ganze heraustreten, sich in ihrer Eigenart *voneinander scheiden.* Damit sind sie das eigentlich *Konfliktschaffende,* während das Gegenextrem einen das Ganze bestätigenden, *vereinheitlichenden* und gegebenenfalls konfliktlösenden Wert hat.

Die Frage ist nun aber, wie wir überhaupt aus zahlenmäßigen Verhältnissen – Aspekte allgemein – zu Wertmaßstäben kommen. Hinsichtlich der bewerteten Dinge sind die Aspekte abstrakt und transponierbar, das heißt, ihr Wertcharakter kann von einem Gegenstand auf den anderen *übertragen* werden. Es kommt bei ihnen nicht auf die Sache an, die bewertet wird – und praktisch sind es deren unzählige –, sondern es sind *Maßstäbe für Vertauschbares.* Auf Gegenständliches haben sie nur Bezug, soweit dieses *in Vertretung* der Kräfte gilt, die sich im Aspekt befinden. Es sind also keine Werte, die aus der Erfahrung der problematisch in Erscheinung tretenden Dinge gewonnen werden, sondern diese Dinge fungieren im *Bewertungsschema eines apriorischen Vermögens* (a priori = vor der Erfahrung gegeben), das ihnen den betreffenden Wert zuteilt. Es ist das Schema ganzheitlichen Bezogenseins von Kräften, die für diese Ganzheit unentbehrlich sind.

Nehmen wir den Kreis als Symbol der Ganzheitlichkeit, so ergeben sich bestimmte interstrukturelle Beziehungswerte *analog den Figuren der Kreisgeometrie.* Die damit bezeichneten Abschnitte liegen den verschiedenen Aspektarten

zugrunde. Im individuellen Fall ergibt sich daraus eine endo-
gene, das heißt angeborene Problematik, in welcher der einzelne um sein Vollständigsein ringt.

In den vorangegangenen Kapiteln zeigte sich die Symmetrie charakterlicher Elemente aufgebaut auf der *Dualität, Trinität, Quaternität.* Der Aspektkreis hat nun dieselben Eintei-
lungsprinzipien wie der Lebenskreis, und dieselben Prinzipien finden wir in der Kreisgeometrie wieder. Die Zweizahl
durchteilt die Einheit des Ganzen – als Aspekt die *Opposition:* zwei Gestirne liegen von der Erde aus sich diametral
gegenüber; die weitestreichende Spannung löst sich auf in
der Dreizahl, kreisgeometrisch entsteht die erste Flächenfigur
– als Aspekt das *Trigon:* zwei Gestirne stehen zueinander im
Abstand der Seite eines gleichschenkligen Dreiecks. Es sind
die Winkel von 180 und 120 Grad, analytisch die Gegen-
spannung und das synthetische Zusammenwirken zweier
Kräfte. Mit der nochmaligen Durchteilung der Zweiheit bildet sich die Vierheit und dementsprechende Flächenfigur –
als Aspekt die *Quadratur:* zwei Gestirne im Abstand der
Seite eines Quadrats –, der Winkel von 90 Grad. Opposition,
Trigon und Quadrat gelten als die stärksten Aspekte, sie gliedern den ganzen Kreis von 360 Grad nach Prinzipien, die –
einschließlich der Querbeziehungen zwischen Lebenskreis
und Wesenskräften – in der Symmetrie aller bisher dargestellten Elemente enthalten sind. Unleugbar kommt in der
damit eröffneten Zahlenreihe die alte Regel zum Ausdruck,
wonach die ungeraden Zahlen 1 – symbolisch für die unge-
teilte Ganzheit – und 3 eine schöpferische, zeugende, die
geraden Zahlen eine aufnehmende und ausformende Tendenz besitzen. Dies entspricht der Dualität von *tätiger* und
leidender Form. An die Stelle der 1 tritt auch die Stellung
zweier Gestirne in gleicher Weltraumrichtung – als Aspekt
die *Konjunktion,* der Winkel von 0 Grad; bei diesem Aspekt
ist aber die Differenz im Eigencharakter der so verkoppelten
Wesenskräfte zu beachten, er gilt als relative Einheit nur ver-
tretungsweise für die absolut gesetzte Einheit des Ganzen.

Auf diese Weise verstehen wir die hauptsächlichen Ablei-

154

tungsprinzipien interstruktureller Werte in Einklang mit der elementaren Gliederung des Lebensganzen. Die Geometrie führt nun zu weitergehender Durchdringung der Ganzheit. Denken wir uns die Ausstrahlung eines beliebigen Punktes – der einzelnen Lebenspotenz – in Form gleichlanger Linien nach unendlich vielen Richtungen, so ist mit den Endpunkten dieser Linien der *Umkreis der sich auswirkenden Potenz* symbolisiert. Die Linien sind die Radien dieses Kreises. Mit dem Abtragen der Radien auf den Kreisumfang entsteht das Sechseck, als Aspekt das *Sextil* mit dem Winkel von 60 Grad. Erweitern wir den Kreisumfang, so vergrößert sich auch das Sechseck, verengen wir ihn, so verkleinert es sich, immer geht es hervor aus dem Abtragen des Radius. Die oben genannte Bedeutung des Sextils bleibt dieselbe für jede Art und Stärke von Lebenspotenz.

Als gerade Zahl wird die 6 nach alter Regel auf eine aufnehmende und ausformende Bedeutung gebracht. Das Sechseck ist aber eine inhaltsreiche Figur. Es ist uns immanent schon gegeben mit der Anschauung eines Kreises, der diese Figur im Radius enthält. Die Verdoppelung ergibt die 12, das Radteilungsprinzip des *vollständigen Lebenskreises,* die Halbierung ergibt die 3 als Zahl der ersten *synthetischen,* zeugenden und schöpferischen Flächenfigur. Wir überspringen dabei je eine Ecke des Sechsecks. Verbinden wir die übersprungenen Ecken ebenfalls zu einem Dreieck, so schieben sich zwei Dreiecke ineinander zur ersten Sternfigur, dem Sechsstern. Fassen wir diese Dreiecke als Elementardreiecke auf, so erfaßt der Sechsstern nur Zeichen entweder der *tätigen* oder der *leidenden* Form, entweder Yang oder Yin. Das Sextil als Verbindung von zwei Spitzen eines Sechssterns verstanden, ist einseitig bedingt in diesem »Entweder-Oder« des kosmischen Geschlechts, nimmt sozusagen Partei. In solcher Bedingtheit kann die materialhafte Bedeutung gesehen werden. Numerisch ist die 6 die Summe ihrer Divisoren: $1 + 2 + 3$, was die Geschlossenheit des Sechsecks auch in den drei darin enthaltenen Oppositionen unterstreicht, sie werden ja aus dem spannungsvollen »Entweder-Oder« mit je einem

155

Radius der Ganzheit eingebaut. Alles in allem ist das Sextil ein Aspekt *gemischter Qualität mit Bezug zum ganzen Umkreis der ausgewirkten Potenz.*

Eine weitere Aufteilung der im Sechseck ausgeschlossenen Quadratur, das heißt die Verdoppelung der 4 zur 8 – als Aspekt das Halbquadrat, besser ist der Ausdruck Oktil, der Winkel von 45 Grad –, ergibt eine *Abschwächung der Figur unaufgelöster Spannung.* In archaischer Betrachtung ist die 4 die Grundzahl der Materialität, die 8 die Grundzahl der Unterscheidbarkeit der Dinge. Die Weiterführung der geraden Zahlen ergibt aus der 12 noch den schwachen Aspekt, das Halbsextil, Winkel 30 Grad.

Die Entstehung des Kreises aus dem Zirkelschlag bedingt, daß nur solche Figuren gelten, die *mit Zirkel und Lineal* konstruiert werden können. Opposition, Trigon, Quadrat und Sextil genügen dieser Vorschrift, ihr gemeinsamer Divisor ist das Kreiszwölftel = 30 Grad, der schwächste gemischtwertige Aspekt. Aus dieser Teilungsnorm sticht das Fünfeck hervor, ist aber gleichwohl mit Zirkel und Lineal konstruierbar, als Aspekt das Quintil mit einem Winkel von 72 Grad. Überspringen wir jeweils eine Ecke, dann entsteht die erste aus einer durchgehend gezeichneten Linie bestehende Sternfigur, der Fünfstern. Der Aspekt der Seitenlänge des Sterns ergibt das Biquintil, Winkel 144 Grad. Bekanntermaßen bringt die Konstruktion ein Maßverhältnis hervor, das die Natur mannigfach in Wachstumsabständen und im Gliederbau zur Geltung bringt, den *Goldenen Schnitt.* Es ist die Teilung einer Linie in dem Verhältnis, daß die kleinere Strecke sich zur größeren verhält wie diese zur ganzen Strecke. Auch »stetige Teilung« benannt, symbolisiert dies einen *proportional stetigen Fortgang.* Als ungerade Zahl wäre der 5 ein synthetischer Charakter zuzuschreiben. Zur Gestalttendenz der 5 sei darauf hingewiesen, daß als flächenfüllende Figuren Dreiecke, Quadrate, Sechsecke nebeneinandergelegt werden können, Fünfecke nicht. Gehen wir jedoch aus der Flächendimension in die Vollräumlichkeit, dann finden wir in den regelmäßigen dreidimensionalen Gebilden – den 5 »platonischen Körpern«

– das Fünfeck zwölfmal vor im Pentagon-Dodekaeder. Dieser *Umbruch der Dimension* gehört zum Wesen des Quintils, in seiner zeugenden, schöpferischen Tendenz, neben der mehr geheimen, mehr empfangenden, ausformenden Beziehung zum Goldenen Schnitt. Es ist ein synthetischer Aspekt, dessen Erfolg aber weniger in der Welt der Normalität liegt, sondern *ansteigt mit einer in höhere Dimensionen weisenden Thematik*, oft außerhalb des vitalen Wirkungsradius oder in nicht beabsichtigten Nebenwirkungen eintreffend.

An der Bedeutung des Quintils und Biquintils haben einige schwächere Aspekte teil, die wir als »quintilische Aspekte« zusammenfassen. Die Verdoppelung der 5 bringt die bei den Pythagoräern heilige 10 hervor, aufgefaßt als Summe der ersten vier Zahlen: $1 + 2 + 3 + 4 = 10$. Ein Zehntel des Kreises ergibt das Dezil von 36 Grad, wichtig vor allem im Verhältnis $\odot$: $\female$: $\mercury$, die keine größeren Aspekte bilden können. Eine Triade von Dezilen (fälschlicherweise Quintil und ein halbes) ist das Tridezil von 108 Grad. Diese Aspekte müssen gradgenau gerechnet werden, während den stärkeren Aspekten ein nach rechts und links verlaufender Wirkungsumkreis (Orbis) gegeben werden kann. Über die Reichweite entscheidet die Praxis der Beobachtung.

Abschließend kann man den Aspekten in theoretisch begründeter Form unterschiedliche interstrukturelle Werte zuschreiben. Für die beobachtende Praxis gilt der Grundsatz, daß die Entwicklungshöhe ausschlaggebend ist. Damit ergibt sich eine vom vulgären »gut« oder »schlecht« abweichende Bewertung. Im einheitlichen Zusammenhang der Individualität bekommen für den selbstbestimmenden Faktor die analytischen Aspekte einen *Aufforderungscharakter*. Während der lebenszeitlichen rhythmischen Abwicklung des Aspektgefüges in Reaktion auf den Weitergang himmlischer Konstellationen oder aus hier nicht erläuterten Raum-Zeit-Proportionen treten analog diesen Aspekten zwangsläufig Verwicklungen auf. Es werden Probleme gestellt, welche den beteiligten Kräften in irgendeiner Weise entsprechen. Die Bewältigung dieser Aufgaben obliegt der freien Entscheidungswahl, wobei die anlagemäßigen Hilfsquellen synthetischer Aspekte herbeigezogen werden können. Ob dies gelingt oder nicht: gerade in diesen Aspekten liegen somit die Hebel der Weiterentwicklung. Aus Zwangslagen kann statt eines passiven Treibenlassens die aktive Selbstbestimmung hervorgehen.

Versteht man unter Geometrie die *Wissenschaft von ordnenden Prinzipien* – umfassender als logischer Gebrauch von Zahlen und quantitativen Formeln für aufgerechnete Mengen –, so liegt darin die mögliche *Berechenbarkeit akausaler Zusammenhänge*. Davor scheuen unsere Denkgewohnheiten zurück. Hier heißt es allerdings, mit größter Vorsicht vorzugehen. Geboten ist Wachsamkeit in puncto Selbstbetrug. Nur so aber können wir die immer wieder angetroffene universelle Ordnung verstehen, deren Inbegriff uns »Kosmos« heißt. Um etwa die Ausrichtung der Tierkreisqualitäten im großen Zuge kausal zu erklären, könnten wir an die Regelmäßigkeit langsamerer und schnellerer Erdrotation denken, an die elliptische Erdbahn mit Aphel und Perihel – unter Heranziehung des Doppler-Effekts –, womit wir Gegensätze stärkster Zusammenziehung und größter Lockerheit herausbrächten – es wäre unzureichend. Unerklärbar ist auf diese Weise die Hauptsache, die strenge Zwölfteilung und innere Gliederung. Nur mit einer Wissenschaft ordnender Prinzipien wäre dem beizukommen. Noch nicht erfaßt wäre aber so die Mannigfaltigkeit von dieser Ordnung entsprechenden Dingen. Erneut und dringlich weist uns dies auf das erkenntnistheoretische Problem, wie der Lebensprozeß in der Vielfalt seiner Erscheinungen vereinbar sei mit rational darstellbarer Ordnungshaftigkeit.

9
DAS NEUE MENSCHENBILD

Ein Wesen von der Größenordnung zwischen Atom und Gestirnsystem wirft sich zum Herrn der Erde auf, wenn es äußeres Wissen hortet und vorteilhaft anwendet. Kommt dies Wesen aber der Wahrheit des Ganzen näher, so wird es bescheiden und gesteht, nichts zu wissen. Nach Ansicht einiger Weisen ist Wahrsein und inneres Wissen wichtiger als Wahrheit haben.

Jeder Mensch ist ein beziehungsreiches Ganzes, aber nicht Unvergleichliches. Die Elemente seines Charaktergefüges finden sich bei allen Artgenossen. Zu eigen hat der Einzelne lediglich eine bestimmte Anordnung dieser Elemente, die durch das spezifische Familienerbe und die einwirkende Umwelt ihre konkrete Prägung erhält. Ungeachtet dieser von außen bestimmten Sinnfälligkeit bewahrt sich inneres Freisein in der Selbstgestaltung. Durch die freie Entscheidungswahl ist der Mensch fähig zu selbstwilligen Entschlüssen und Zielsetzungen.

Individualität bedeutet demnach nicht wortwörtlich etwas Unteilbares, sondern ein einteilbares Ganzes. In seinem gegliederten Ganzsein hat jedermann teil an der universellen Ordnung, in welcher die Bildekräfte der organischen Natur zusammenwirken. Vermöge dieser Teilnahme ist er naturbegabt schöpferisch. Ein selbstbestimmender Faktor in ihm kann, was ihn als Naturgeschöpf zwangsläufig gebildet hat, freisetzen zu eigenverantwortlicher Tat.

Begreifen wir die Menschheit als eine Lebenseinheit, bestehend aus frei beweglichen und über ihr Tun in gewissen Grenzen entscheidenden Zellen – der vernunftbegabten Einzelmenschen –, dann sind die Elemente der Individualisierung zugleich solche des Bestimmtseins darin. Der Einzelmensch kann seinen Sinn begründet sehen im größeren Lebensganzen, der Menschheit und ihrer geschichtlichen Weiterentwicklung. Ja, man darf behaupten, die eigentliche Menschwerdung bestünde im Vernehmen und Befolgen dieses in uns gesenkten persönlichen Auftrags. Die latente schöpferische Fähigkeit bekommt sinnvolle Inhalte durch diese Einsicht.

Eine Lehre, die sich mit dem menschlichen Charakter, mit den Elementen der Individualisierung befaßt, muß diesem Umstand Rechnung tragen. Genau genommen wissen wir psychologisch nicht viel mehr als die Beziehung zwischen Mensch und Mensch, was in die existentielle Erfahrung eingeht, sowie zwischen Einzelmensch und Menschheit, die uns vorbewußt innewohnende Gewißheit, die Gewissen heißt. Bei aller Unterschiedlichkeit der sinnfälligen Erscheinungen zeigt sich hierin eine grundsätzliche Übereinstimmung.

Vielleicht kann darüber nichts anderes gesagt werden, als im vieldeutigen Wort *Freiheit* liegt. Freiheit der Wahl, das Auch-anders-Können als naheliegendste Neigung will, ist ein Korrelatbegriff zum So-oder-so-Müssen des naturgeschöpflichen Soseins, zum *Zwangslauf*. Davon unterscheiden wir das innere Müssen der ethischen Forderung. Nach uralter Überzeugung ist der Naturzwang kosmisch begründet.

In Revision überholter Praktiken des astrologischen Gedankens, seinem Wiederaufgreifen unter neuen Voraussetzungen, wurde ein Kontrollmittel angeborener Anlagen gefunden. Es zeigt den Lebensaugenblick kosmisch eingebunden auf die Weise, daß der schöpferische Impetus selbstverantwortliche Entsprechungen der festliegenden Anlageprinzipien hervorbringt. Dieser Selbstgestaltung ist nach oben hin keine Grenze außer dem Menschenwürdigen gesetzt. Die Anlagen betreffen auch organische Vorstufen unbewußter *Archetypen*, allgemeinmenschliche Verhaltensmuster, die in jedem von uns bereitliegen und spontan aus dem Unbewußten auftauchen können. Mit dem Verfügbarmachen dieses Arsenals der seelischen Tiefen steht uns der Weg *transpersonaler Entwicklung* frei.

Ohne kosmischen Hintergrund erscheint unser Tun und Lassen als Angelegenheit des Verstandes und der Vernunft, die animalischen Begierden als Lenker aufsitzen, damit nicht diese die Oberhand bekommen. Zeugung und Geburt treten dann ebenso willkürlich aus der Naturordnung heraus wie meist die Technisierung unserer Daseinsweise. Auf dieser Grundlage hätte sich die Menschheit längst totrationalisiert. Demgegenüber zeigt das Kosmogramm uns Menschen genauer als alle anderen Lebewesen einkomponiert in die große Ordnung. Dem Lauf der Konstellationen, rechnerisch auf den Erdschauplatz bezogen, entnehmen wir die Proportionen unseres Wesensgefüges. Diese nach Erfahrung an astrologischen Meßbildern unleugbare Tatsache machten wir denkmäßig plausibel durch die Hypothese, daß die menschlichen Gattungsinstinkte heimlich teilhaben an der Rhythmik des umgreifenden Ganzen. Mit dem ersten ist in großen Zügen auch das zweite gesetzt, da Empfängnis und Geburt in einem kausalen und rhythmologischen Zusammenhang stehen. Eine Empfängnis findet nach unserer Hypothese dann statt, wenn die vorprägenden elterlichen Erblinien beim Abschluß der embryonalen Entwicklung zusammentreffen unter einer entsprechenden Konstellation. Der eigentliche Geburtsakt ist die Entlassung eines selbsttätig atmenden Wesens aus der Obhut der Gattungsinstinkte.

Wie Kosmos und Chaos, Rationalität der Zahl und Irrationalität des Lebensstromes in einer und derselben Welt beisammen sein können, erweist sich durch alle Altersstufen hindurch am so geborenen Menschen. Wir erfassen es aus dem Verhältnis von *Prinzip* und *Konkretum*. Ewig sind die Prinzipien, ihre Zusammenfügung überdauert Wechsel und Wandlung der ungeregelten konkreten Mannigfaltigkeit, in der sie sich von Sekunde zu Sekunde darleben. Ein einmaliges Spektrum der Wesenskräfte, ein individuell eingeteilter Rundlauf von Verhaltensmustern ist uns als Anlage mitgegeben zusamt ihren Verwicklungen. Im Innewerden des Andersseins anderer uns begegnender Menschen erfahren wir, was uns fehlt, erfahren auch, daß die Prinzipien auf verschiedener Stufe der Entwicklung erfüllt werden können. Aus Bildern der Seelentiefen können wir zugleich entdecken, daß unterhalb des Filters persönlicher Meinungen die Gesamtheit der Menschenelemente latent in uns vorhanden ist. Wir entdecken ferner, daß Lebensganzheit noch lange nicht Vollkommenheit bedeutet, und finden den Schlüssel einer Entwicklung über das Kreatürliche hinaus.

Gehen wir diesen Weg der überdachten Selbsterfahrung, dann wird der Sinn unseres Daseins uns zwanglos bewußt. Ob »bedeutend« oder »geringfügig«, persönliche Leistung kann immer einer menschheitlichen Aufgabe dienen. Dazu braucht man kein Kosmogramm. Erst wenn der innere Weg blockiert ist oder die Hybris der Selbstvergottung entstellend eintritt – Fehler unserer desorientierten Gegenwart –, wird das Geburtsbild als Ratgeber nötig. Es kann Auskunft geben über Anlagen, Probleme und ihre Lösbarkeit, darin liegende Entwicklungsmöglichkeiten sowie natürliche Grenzen. Sagen wir, es »könnte«, sofern die Deutungsweise eine richtige Stellung in den Grundfragen bezieht und gemäß dem subtilen Netzwerk interstruktureller Beziehungen aussagt.

Diese Elemente des menschlichen Grundgefüges, in Einklang stehend mit dem Grundgefüge der uns faßbaren Welt, versuchte ich hier darzustellen. Daß die in Erscheinung tretenden Menschen sie so verschieden ausleben, liegt an der individuell verschiedenen Zusammenordnung der Elemente, den Unterschieden von Erbe und Umwelt und den unterschiedlichen Graden, Prinzipielles in konkreter Form leben zu können. Wir sprechen von »Entwicklungsstufen«, auf deren jeder der Wert eines Dings anders lautet und deren gemeinsame Aufwärtsrichtung zu überpersönlichen Ordnungen strebt. Es ist das Ziel aller Religionen, Weltanschauungen und des kulturellen Bemühens, zu letztgültigen Aussagen und deren konkretem Niederschlag zu gelangen. Im Wandel und Wechsel der Erscheinungen führt jedes zu eng gefaßte Ziel zur Enttäuschung. Die weitertreibende Unruhe und der improvisierte Richtungswechsel bewegt den selbstbestimmenden Faktor in jedem einzelnen, bis sich die Gestalt des Menschen vollendet hat.

Menschenbeurteilung am Kosmogramm – nach alter Ausdrucksweise dem »Thema« – stellt demnach höchste Anforderungen. Sie soll das Eingebettetsein der persönlichen Freiheit in den Rahmen des Naturzwangs deuten. Der Charakter geht ebensowenig nur aus dem Erbe hervor als er geschaffen wird durch Milieu, Erziehung und soziale Lage. Er ist gegründet auf eine Struktur zur Umformung des einen in das andere. In diese Struktur sind Informationen eingebaut, wie zur Wahrung der Ganzheitlichkeit – niveauangepaßt – dem Beeindruckenden zu antworten sei. Diesen »harmonisierenden«Aspekten stehen »dissonierende« gegenüber, die Ungenügen und Konflikt hervorrufen. Solch Aufgerissensein der Ganzheitlichkeit, egoistischen Wünschen beklagenswert, aber dankbarer Geduld ein *Hinweis,* ist dem schöpferischen Aktivum in uns, dem selbstbestimmenden Faktor, eine *Aufforderung,* das Vollständige nicht nur in sich zu suchen. »Worin«, sagt uns die Selbstkritik. Geniale Menschen fanden zu ihrem Werk nie ohne kritische Auseinandersetzung mit sich. Längst bekannte Erscheinungen des ´»Normalmenschen« geraten in ein anderes Licht, wenn überschaut aus dem großen Zusammenhang, der sich jenen öffnete. Gewiß sind die psychologischen Beobachtungen im Normalfall richtig und müssen sorgsam studiert werden. Die meisten suchen eine Entschädigung für persönliche Mängel in »Kompensationen«, wenn sie ihr Unglück nicht »Sündenböcken« aufladen können, immer noch hat »Libido« die stärkste Zugkraft gegen »Frustrationen«. Was bei enger Sicht berechtigt ist, gehört zu den Ursachen der Desorientierung unserer Gegenwart. Doch eine organische Wirklichkeit hat *zyklische Strukturen:* Wenn die Bewegung ins nihilistische Extrem geht, schlägt sie um in ihren Gegensatz, und heute

163

mehren sich die Stimmen der Wende, des Verlangens nach einem neuen Menschenbild.

Dies fordert, bei sich zu beginnen. Haben wir einen Überblick über unsere Anlagen und die damit verquickte Problematik gewonnen, so heißt es, sich in dieser Bedingtheit *anzunehmen*. Wir gewinnen damit die Voraussetzung, das Unbedingte, die *Gestaltungskraft* täuschungsfrei einzusetzen für die Fertigprägung von Anlagen zu Eigenschaften, für die Lösung der mit uns geborenen Probleme. Es gelingt aber weder im »elfenbeinernen Turm«, im isoliert hochgezüchteten Individualismus, noch aus einem »Ohnemich«, dem irgendeiner Mode nachlaufenden Konformismus. Eigenwert entspringt *selbsttätiger Auseinandersetzung mit dem Anderssein des anderen,* wächst unter Fortfall von Schematismen seiner bequemen Bewältigung, vollendet sich in einem nicht wegzudiskutierenden Inhalt des Gesamtlebens. Der so geschaffene *überpersönliche Inhalt* des Selbstseins wäre aber undenkbar ohne gravierende Ereignisse, die dazu führten. Abgesehen von Massenereignissen, durch die wir als Bestandteil eines Kollektivs hineingezogen wurden in dessen Problematik, zeigt sich in dem uns allein Angehenden, wenn wir es konsequent durchdenken, die Individualität gleichsam *entworfen auf Umwelt.*

Diese im Kosmogramm vorgezeichnete »potentielle Umwelt« stellt an das Selbstgenügen die stärksten Ansprüche. Diesen im Prinzip gerecht zu werden, *löst persönliche Probleme, indem man das Niveau der außerpersönlich vorgefundenen Entsprechungen hebt.* Sich anzunehmen heißt aus dieser Sachlage, auch zu seinem Schicksal zu stehen, es anzunehmen und zu gestalten.

Das hiermit theoretisch umrissene Menschenbild erlangt Blut und Farbe, wenn seine Begriffe gelebt werden. Dazu kann man niemanden überreden. Jeder muß es aus der Erkenntnis seines Daseins selber finden. Ob sein Atem dann im großen Rhythmus schwingt, liegt jenseits der Grenze des rational Machbaren und gehört zu dem, wofür man nur das Instrument stimmen kann.

10
FREIHEIT UND ZWANGSLAUF

Determiniert, aber dennoch frei, wie ist dies vereinbar? Hören wir einen Satz von Hegel: »Was allein die Schwierigkeit macht, ist immer das Denken, weil es die in Wirklichkeit verbundenen Momente eines Gegenstandes in ihrer Unterscheidung auseinanderhält.« Darum suchte Hegel die formale Logik zu überwinden durch eine organische Logik, die er Dialektik nannte. Wenn seine Nachfolger oft ein leeres Wortgeklingel daraus machten, sagt es nichts gegen den methodischen Versuch, sondern liegt daran, daß es Wahrheiten gibt, die verbal nicht ausgedrückt werden können. Dies betrifft vor allem das schon immer wache Problem des Zusammenfallens der Gegensätze. Angewandt auf die Alternative »Freiheit oder Zwangslauf« heißt dies, daß sowohl das eine als auch das andere für uns gelten kann als *bedingte Wahlfähigkeit.*

Es entspricht einer wissenschaftlich fundierten Kunst des Denkens, den Menschen in diesem Sinne dialektisch zu sehen, ein Mikrokosmos eingebunden in die große Ordnung, andererseits vermöge seiner Selbstbestimmung eigene Ordnungen setzend. Wie weit die Determination reicht, erfährt man durch kritische Selbstwahrnehmung anhand des Kosmogramms. Vom Astrologen gesehen, in bekannten Worten dargestellt, reagiert das empirische Ich, die leib-seelische Person, im großen ganzen gemäß dem Aszendenten, hingegen das »alter ego«, der Wesenskern, analog dem Sonnenstand.

Die »exogenen«, von außen her angefachten, Probleme enthüllen sich als »endogen« vorgezeichnet, mit uns geboren als Ausdruck innerer Wesenskomponenten. Die Art und Weise, in die Umstände eingreifend, sich aktiv zu äußern oder passiv das Vorhandene zu genießen, erfolgt gleichfalls automatisch; das bestmöglich Erreichbare steht ohnehin schon vorgemerkt in der Geburtskonstellation, auch der Rhythmus des Seelenschwungs ist daraus berechenbar, sogar die Denkweise entbehrt nicht der Vorprägung, und was scheinbar zufällig auf uns zukommt, dem Wollen Grenzen setzend, liegt großenteils bereits vor dem Ereignis in uns. Gerade die einschneidendsten und unangenehmen Ereignisformen jedoch – unschuldig wähnte ich mich ihnen ausgesetzt – können für mich nachträglich die Bedeutung bekommen, daß sie mich zwangen, zu dem zu werden, der ich werden sollte und den heutigen wahren Ausdruck meines Charakters untermauerten, somit als »zu mir gehörig« akzeptiert wurden. Die alte Weisheit des »amor fati« bezieht daraus ihre Berechtigung.

Halbe Wahrheiten sind die verfänglichsten. Tritt die Kausalität mit dem Begriff »Gestirneinfluß« hinzu, so ist der Fatalismus legalisiert. Dieser verneint jede Selbstbestimmung. Man glaubt dann auch alles Für und Wider der Entscheidungen determiniert.

Die Kritik muß also schon im Vokabular der registrierten Selbstwahrnehmung beginnen. Unterschätzt wurde die Lebensmächtigkeit.

Untersucht man die Elemente, mit denen auf diese Weise der Gedanke eines unentrinnbaren Schicksals hochgespielt wurde, so findet man sie durchweg *dialektisch* angelegt. Die unter Gestirnnamen gehenden Wesenskräfte sind polaristisch verständliche Gegensatzpaare, ihre Beziehung zu den kreisläufigen Systemen zeigt jede von ihnen in »spontaner« und in »rezeptiver«Form sich äußern, jeder Abschnitt des Kreislaufs bekommt sein Inkarnat durch das Verhältnis zum gegenüberliegenden Abschnitt, auch die Aspekte gruppieren sich nach zweierlei entgegengesetzter Bedeutung für das Lebensganze. Deutet man ein Kosmogramm formallogisch,

166

so beläßt man jedes Element in der halben Wahrheit, in der Unterschiedlichkeit, ohne Bedenken, daß es Elemente eines Lebensganzen sind. Die Einzelheiten stehen darin in untrennbarer Verbindung zu allen anderen von der Ganzheit umfaßten Einzelheiten. Aus dieser im einzelnen wandelbaren und im ganzen doch festgefügten Verbindung wird dies Bestandteil zur Lebenstatsache.

Gemäß dieser durchgehend dialektischen Systematik haben die Rahmenelemente eine un-starre Tendenz, einen organischen Grundzug. Die Festlegung durch solche Prinzipien erlaubt zugleich Bewegung, Übergang zu anderem.

Praktisch wurde in der Deutung am lebenden Modell das dialektische Angelegtsein sichtbar als »Streberichtung zum Gegensatz«. Auch psychologisch kennen wir »Ambivalenzen«, die Bewegungsform des »Umschlagens ins Gegenteil« usw.

Eine sinnentsprechende Stellung zu organischen Tatsachen bekommen wir aus der Erkenntnis des Lebens als *Werden und Vergehen, das sich nach gleichbleibenden Prinzipien ausformt.* Diese Erkenntnis zeigt auch die Eigentümlichkeit des Menschen gegenüber den übrigen Lebewesen anders, als wenn wir die Menschheit formallogisch als Summe einzelner Menschen betrachten. Der Einzelmensch hat eine beständige Fügung seines Charakters und lebt infolgedessen selbstverantwortlich, dennoch aber frei improvisatorisch den konkreten Augenblick gestaltend, im Rahmen des Menschheits-Organismus. Eine Entscheidung zugunsten des Einzelseins bleibt nicht ohne Rückwirkung auf den menschheitlichen Gesamtzustand, wie umgekehrt eine solche zugunsten des Allgemeinwohls einen charakterlichen Niederschlag hat. Unser Tun und Lassen und die gegenständlich eingekleideten Entscheidungen offenbaren das Verhältnis von *Prinzip* und *Konkretum.* Jeder konkrete Augenblick unterliegt den Wandlungen sowohl im eigenen Charakter als auch im menschheitlichen Zustand, während die Prinzipien unseres individuellen Soseins zugleich allgemeinmenschliche Prinzipien sind.

Wie schon mehrfach erwähnt, gilt das Verhältnis von Prinzip und Konkretum ungeachtet unterschiedlicher Entwicklungshöhe der Individuen. Beim größten Teil der Menschen werden die Entsprechungen der Elemente richtig im Massendurchschnitt beurteilt. Hier können sogar vulgäre astrologische Termini anwendbar sein, wenn sie nicht fatalistisch verstanden werden. Mit gehobenem Niveau, dem Bewußtsein menschheitlicher Verantwortung, wird die Auffassung der Menschheit als übergeordneter Organismus problematisch für das Einzelschicksal. Die Individualität, charakterlicher Ausschnitt aus allgemeingültigen Prinzipien, darf dann sozusagen *delegiert für eine bestimmte Rolle in der Gesamtentwicklung* gesehen werden. Ein vorsichtig und erst nach gründlicher Prüfung annehmbarer Gedanke! Das Wort »Fügung« bekäme außer dem Eingefügtsein in den individuellen und den menschheitlichen Organismus die zuweilen ihm zugelegte Bedeutung einer »Schicksalsfügung«. Mein »zu mir gehörig« zum katastrophalen Ereignis wäre keine nachträgliche Gutheißung eines Zufalls. Ist der Gedanke aber richtig, dann stehen die Ereignisse in einem anderen Licht als für formallogische Vereinzelung und individualistische Denkart.

Hervorragende Menschen fühlten sich schon immer berufen für ihr Werk, nicht immer jedoch einig mit ihrem Schicksal. Nehmen wir an, ein Denker, ein Dramatiker, ein Philanthrop legt sein Bestmögliches in ein Vorhaben, das allen Menschen zugute kommen soll, deckt bisher unbekannte Zusammenhänge auf, gestaltet dramaturgisch die brennenden Fragen seiner Zeit oder findet eine Behebung ihrer sozialen Notstände. Bewältigt und positiv umgemünzt ist die Erfahrung bitterer Jahrzehnte, die Tausende von Menschen durchmachten. Ein Manuskript liegt druckreif auf dem Tisch eines Verlagshauses; ein Bühnenwerk ist vom Theater angenommen, die Aufführung naht heran; das Projekt für eine Hilfsorganisation ist für die Verwirklichung ausgearbeitet, und die nötigen Kontakte sind hergestellt. Nun geschieht es unerwartet, daß der Verlag Konkurs macht, das Stück von der Zensur verboten wird, ein Kurssturz das zum Aufbau der

Hilfsorganisation erforderliche Geld entwertet. Ereignisse, wie sie viele vor dem Gipfel ihres Strebens erlebt haben.

Unausbleiblich ist die Enttäuschung, der Fall aus der Höhe um so tiefer, je intensiver die Erwartung war. Der Betroffene hat jetzt zwei Möglichkeiten. Er kann im Zwiespalt des Pro und Contra steckenbleiben – mancher bringt sein späteres Leben im Groll über die Ungerechtigkeit des Schicksals zu –, oder er kann die Spannung von These und Antithese zu einer neuen Synthese weitertreiben. Es ist eine der Alternativen seines Daseins, seiner Selbstverwirklichung. Im Dreischritt von These-Antithese-Synthese käme er aus dem Zweierlei von Wunsch und Erfüllung heraus, hätte eine *Bewährungsprobe* bestanden und könnte eine transpersonale *Entwicklungsgelegenheit* aufgreifen, wollte er nicht im Negativum des Zwangslaufs persönlicher Neigungen versinken. Vor dieser Möglichkeit des frei gewählten Umschwungs wäre es blasse Theorie und unerheblich, ob er vom Impuls einer überpersönlichen Gesamtentwicklung in diese Alternative hineingesteuert wurde oder ob er mit der Annahme, es sei so, einem fiktiven Richtungsweiser folgte. Erheblich ist nur, daß der Betroffene positiv überlebt. Das formallogische »Entweder-Oder« konnte ja vor einer Wahrheit versagen! Ein geschichtliches Analogon: die rationalistische Selbstgerechtigkeit von Laplace gab auf die Frage, warum er in seiner universellen Naturbeschreibung nicht vom Schöpfer spräche, zur Antwort: »Ich habe diese Hypothese nicht nötig.« Von anderer Seite wurde dies existentiell richtiggestellt: »Lebe so, daß Gott existieren könnte.«

Lebendige Selbstverwirklichung wird also ein solches Ereignis als *Weisung* verstehen. Sie postuliert einen *Sinn,* der über persönliches Enttäuschtsein hinausreicht. Aspektmäßig gesehen, wurde aus einer vielleicht in der Anlage gegebenen Opposition die Qualität eines Trigons *hinzuerworben.* So sollte man sein Kosmogramm betrachten. Möglicherweise fände der besagte Denker, Dramatiker oder Philanthrop im Geburtsbild eine Opposition von Jupiter und Saturn. Dies bedeutet, daß im Thema des individuellen Lebens die

Gegensatzspannung zwischen Expansion und Kontraktion enthalten, dem Schaffen eine Vereinbarung von Schwungkraft, Optimalstreben und Schwere, Tiefenlotung aufgegeben ist. So angelegt, wird der Unternehmungsdrang eines schöpferischen Menschen sich weniger bequem den herrschenden Normen und Gesetzen anpassen als jemand mit anlagemäßig *geschenktem* Trigon dieser Wesenskräfte. Eher wird er das Äußerste herausfordern und sein Werk an Grenzen des Möglichen herantreiben, bevor er das Problem bewältigt, ausgreifende Unternehmungen so anzulegen, daß sie unter den gegebenen Umständen realisierbar sind.

Allerdings ist dies nur die auszugsweise Beschreibung eines Kräftegegensatzes, ohne Abwandlung durch die kreisläufigen Systeme, ferner wurde zur Verdeutlichung des *Einzelbeispiels* das *Zusammenspiel aller Kräfte* in ihrer wechselseitigen Beeinflussung nicht berücksichtigt. Auch wurde damit nur das Verhalten dessen, der eine Berufung in sich spürt und zur transpersonalen Sinngebung fähig ist, in Betracht gezogen. Für Menschen der Masse bleibt das Prinzip des Gegensatzes ebenso. Nur ist es für sie schwieriger, durch die Sinnfälligkeit der konkreten Entsprechungen hindurchzublicken und trotz umweltlicher Verneinung zum neuen Auftrieb hinzufinden. Kommentarlos sind uns derartige Widersprüche zwischen Wunsch und Erfüllbarkeit mitgegeben. Stets aber ist es möglich, den Widerspruch zu überwinden, indem man an Hand des Kosmogramms oder aus blinder Zuversicht die Tatsachen als Korrektur des eigenen Verhaltens versteht. Sie machen aufmerksam auf jupiterhafte Übertreibungen, hybride Zuspitzungen oder saturnale Formfehler, Nichtanpassung an die soziale Umwelt, Selbstbeschränkungen, ungenügende Vorsorge – manches Pech beruht auf Mangel an Voraussicht – sowie auf Grenzen des kollektiven Verständnisses bzw. der Mittel, existentielle Nöte einzelner zu beheben. Selbstverwirklichung ist geistig immer eine Sache der Lernfähigkeit und Erkenntnis des einzelnen. Nach jedem Verlust frage man sich, ob und was Einsicht daraus gewinnen kann.

Eine solche Haltung reinigt den Seelenfrieden von der Störung durch kreatürliche Wertmaßstäbe. Dies bedeutet keineswegs, die Ereignisse nicht voll und ganz erleben zu können und nicht wertend im Brennpunkt zu stehen, sondern besagt, daß jede Verletzung durch erworbene Einheit mit dem Ganzen ausheilt. Gedanklich bietet der Hegelsche Dreischritt von These-Antithese-Synthese eine Anleitung zum Umsprung aus dem Sog der Zwangslage, zum freien Darüberstehen über dem Widerspruch. These ist mein ursprüngliches Wollen, meine Absicht, mein Vorhaben, Antithesen liefert mir die Umwelt in ihrer Bedingtheit; aus kritischer Durchleuchtung der These und Annahme antithetischer Einwände, soweit sie berechtigt sind, gelange ich zur Negation der Negation. Lebendige Synthese heißt dynamische Bewältigung der Extreme.

Ähnlich steht es für die praktische Vernunft mit allen Aspekten in der Gruppierung nach synthetisch und analytisch. Das vulgäre »günstig« oder »ungünstig« der Bewertung warnt aber vor der Verarmung des Urteils durch die Beschränkung auf »weiß« und »schwarz«. Die geometrische Mehrfachheit von Figuren macht den Aspektkreis zu einer Vorschule der Beurteilung diffiziler Seelenzustände am Rande des verbal Ausdrückbaren, wofür die Psychologie noch keine Begriffe ausgebildet hat. Die Gliederung der Ganzheit will zunächst in derartigen abstrakten Maßstäben – Proportionen des Grundgefüges der Welt – studiert sein. Daß hoch und tief, feucht und trocken, heiß und kalt als zusammenhängende Gegensätze begreiflich sind, daß einander ergänzende Polaritäten als männliche und weibliche Erzeuger des Ganzen aufgefaßt werden können, gehört fast zu den Binsenweisheiten. Nur reichen die 1 und die 2 nicht aus, um die Proportionierung des ganzen Seelengefüges, geschweige denn der Lebensganzheit aufzuschlüsseln. Um die Einheit des Mannigfaltigen im Prinzip zu erfassen, setzen wir die Zahlenreihe fort und denken die davon beherrschten Konfigurationen der Zwölfheit durch. Nicht ohne Grund war das Reich der Zahlen für die alte Weltsicht eine Fundgrube.

Es gibt also Kräftebeziehungen unseres Innenlebens, die exakt vorläufig nur mit »Quintil« usw. bezeichnet werden können, und die eintreffende Außenwirklichkeit ist ein isoliert kaum beschreibbarer Fall. Hier geht es wie in der Atomphysik, daß subjektives Vorgehen und Verhalten des Objekts zusammengedacht werden müssen bzw. die Subjekt-Objekt-Scheidung sich aufhebt. Zur freien Entscheidungswahl gehört, daß man mit dem Ausfall der Entscheidung sich selber Schicksal wird. Man trägt die Folge seiner eigenen Tat. »Im ersten bist du frei, im zweiten bist du Knecht.« Dies läuft beim außergewöhnlichen Menschen nicht anders als beim Mittelmaß. Immer jedoch bedeutet das Aufleuchten der Freiheit einen Schritt, sich zu erfüllen. Das von außen Herantretende steht außerhalb moralischer Kategorien, darum macht es uns Kopfzerbrechen, daß dem einen glückt, was dem anderen mißglückt. Dies führt uns an eine *Realität, die weiter reicht, als unser Kausalverstand in Betracht ziehen kann.* Im Verhältnis zum Kosmogramm darf man von einem *Strukturzwang* sprechen, dem, was Wilhelm von Scholz die »Anziehung des Bezüglichen« nennt. Auch dies darf aber nicht individualistisch gesehen werden, unsere Wahlfreiheit liegt in der Region zwischen Individualstruktur und Kollektivstruktur.

11

DAS ÜBERBAUENDE GANZE

Vergegenwärtigen wir uns das Übereinander der Seinsebenen, wie es das Schaubild auf Seite 125 vor Augen führt, so haben wir in den beiden mittleren Ebenen, dem Organischen und Seelischen, das Lebenskontinuum in seiner Wendung nach außen und nach innen. Hier geht, die mittleren Ebenen voneinander trennend, die Scheidelinie zwischen den res extensa und den res cogitans hindurch. Wenn man auf Grund dieser rationalen Scheidung das Leben aus materiellen oder geistigen Kategorien verstehen wollte, so war dies ein verhängnisvoller Fehler, eine kategoriale Grenzüberschreitung, auch der Ursprung des unseligen Materie-Geist-Dualismus. Bildlich sprechen wir gern vom dahinfließenden Strom des Lebens. In den wechselseitigen Beziehungen seines Auf- und Niederflutens kann das individuelle Geschehen betrachtet werden als jeweiliger Knotenpunkt sich überschneidender Linien. Obzwar dabei materielle und geistige Momente mitspielen, bilden Materie und Geist an sich die beiden Ufer des fließenden Kontinuums. Es sind die Uferränder, wie und wohin der Strom fließen mag; zusammengenommen wären sie dann aber auch das Strombett des Lebens und mithin untergründig eine Einheit.

Ist dies Bild richtig, dann hätten wir also zu suchen, worin, in welchem Gemeinsamen, Materie und Geist übereinstimmen, ferner, was sie von der Lebensnatur unterscheidet.

Denken wir an die sinnliche Unmittelbarkeit kompakter

Masse, an die körnige Struktur und räumliche Definierbarkeit in alten Physikvorstellungen, dann fänden wir kaum Brücken von der Materie zum Geist, der in diesem Weltbild erst gedacht werden muß, um überhaupt zu sein. Die Atomphysik hob diese Vorstellungen auf und stellte uns eine nach alten Begriffen »immaterielle« Materie vor. Lediglich für eine mittlere Größenordnung besteht, was ehedem Materie hieß. Ist aber anderseits der Geist denn nur das zweckdienliche Denken, das solche Formeln aufstellt, lautliche Verständigungsmittel, also Sprache, Grammatik, herausbildet, Anleitungen zur technisch vervollkommneten Daseinsweise gibt? Als solcher dient er dem Lebensprozeß wie Materie ihm als Baustoff dient, er gibt uns das Erklärliche und Machbare ein. Genaugenommen wäre er so gesehen eine Hilfsfunktion der Seele und schwömme unterschiedslos in der Strömung mit.

Mancher Physiker hat sich noch nicht erholt vom Schock, der durch neue Einsichten hervorgerufen wurde, als er interatomare Teilchen weder räumlich noch zeitlich genau definierbar in Formeln der Energie bannte. Gewiß kann daran eine dynamische Einheit des Universums postuliert, auch das Leben vom Untergrund des Aufbaustoffs her bestimmt gesehen werden. W. Bernatzki greift ein altes Thema mit neuen Argumenten auf und kommt zur These »Das Universum lebt«. F. Capra sieht weitgehende Übereinstimmungen mit der östlichen Mystik, allerdings unter der Voraussetzung, daß die Geometrie eine Konstruktion unseres Bewußtseins sei, um Naturgegebenes zu verstehen. In Wiederbelebung der Kontroverse um Keplers Ansicht, daß sie in der Natur – der Biene, dem Schneekristall – steckt, sei die Frage gestellt: woher kommt in diesem dynamischen Universum die Mannigfaltigkeit der Strukturen, die wir geometrisch verstehen können? Im Verhältnis zwischen Materie und Geist dürfen die Tore nicht zu früh geschlossen werden, bevor wir erkenntnistheoretisch darüber im klaren sind.

Wenn wir, wie gewohnt, Denken auf dem Rücken emotional entstandener Bilder oder im Anschluß an Sinnesempfindungen erleben, verschleiert sich uns das Wesenseigentümliche des Geistes: *spontanes Setzen ordnender Punkte.* Die Voraussetzungen einfachster Denkvorgänge erklären nicht, *daß* der geistige Akt zustandekommt. Er greift *diskontinuierlich* in das seelisch-organische Kontinuum ein und schafft im Verhältnis zur Außenwelt die eigentliche Wahrnehmung. Es war Palágyi, der in Abfertigung der seit Hume herrschenden sensualistischen Anschauungsweise die Trennung von Empfinden und Wahrnehmung vollzog mit der Konsequenz: »Geistige Akte grenzen die Lebensvorgänge ab und geben denselben Gliederung und Gestalt.« Seine scharfe Kritik traf den Begriff der Psyche als unklare Vermengung von Kontinuierlichem und Diskontinuierlichem.

Verstehen wir Geist im wesentlichen als *Ordner und Anordner,* dann ist seine Rolle im Denkprozeß nicht die, daß er dessen Produkt oder aber daß dieser Denkprozeß seine hauptsächliche und ureigene Äußerung sei. Im Denken wird die geistige Kerneigenschaft seelisch in Gebrauch genommen – Freud setzte dies noch eine Schicht tiefer im Satz »Denken ist abgekürztes Handeln« –, wir schwimmen denkend im Lebensstrom mit, ohne dessen Verlauf zu gefährden. In der Wahrnehmung begegnet dies der *äußeren* Wirklichkeit, für die Lebensäußerung ist es die organische Welt des Handelns. Hier findet der Geist unter den ausschließlichen »res extensa« – die wir das Anorganische nennen – Angeordnetes vor, das er seiner Eigennatur nach geometrisch definiert. Es sind dies nicht nur Schmuckformen und regelmäßige Proportionen bei Lebewesen, anschaubare Kristalle, sondern auch, dem forschenden Eindringen erschlossen, das periodische System der Chemie oder das Verhältnis der Tonschwingungen zu unserem Gehör usw. Solche Interferenz des Geistes mit materiellen Vorkommnissen nenne ich die Übereinstimmung des *denkenden* mit dem *schauenden* Menschen.

»Schauen« hat dabei nicht die Bedeutung optischen Sehens und Erblickens, sondern wird verstanden als »intueri«, Hineinblicken in die wahre Natur der Dinge, die *Ordnungshaftigkeit.* Unser Wort Intuition ist daraus gebildet, in diesem Sinne fasse ich Bergsons Ausdruck »durée« für

Intuition auf, als unmittelbare Einsicht in unveränderliche, dauernde Ordnungen. Hier gründen die von Capra gesehenen Zusammenhänge, und wir dürfen erweitern: Einsichten der Mystik aller Zeiten und Völker, das Vorgehen der archaischen Weltschau. Es ist der Weg der *Innenschau*, der unter Abblendung äußerer Wahrnehmung beschrittene Weg, den der Mechanist als Abwandern ins Verschwommene versteht.

Keinesfalls lehrt diese Innenschau, daß die Welt eine dynamische Einheit und alles Festgeordnete eine Täuschung sei, sondern, daß zwar alle erscheinbaren Dinge werden und vergehen, ihr Sein vergänglich und auch ihr Nichtsein ein Übergang zu neuem Sein ist, dies Veränderliche aber auf *unverrückbaren und wiederkehrenden Ordnungen* ruht. Täuschung ist demgegenüber nur, was wir sinnlich aufgenommen für immer begrenzt glauben und so rational zu erfassen suchen. Das Letztgültige kann daher nicht begrifflich, in Worterklärungen, ausgedrückt, aber die Ordnungen, auf denen der Weltorganismus ruht, können im *Symbol* umschrieben werden. Dieser Grundansicht Rechnung tragend, wurde die Ordnungszahl zum Einteilungsmittel und Darstellungssymbol der Kosmogonien, Riten, Mandalas, zum Sinnzeichen unaussprechbarer Zusammenhänge.

Leben hat eine äußere und eine innere Seite, die wir als *organische* und *seelische* Seinsebene verstehen. Mit jener projiziert es seine Schaffenspotenz in den Raum hinaus, mit dieser durchformt es den zeitlichen Ablauf einer begrenzten Lebensgestalt. Die Wahrnehmung nach außen konfrontiert uns mit der Realität der Materie, die innere Schau setzt sich mit der Realität des Geistes auseinander. In der Verbindung der beiden mittleren Ebenen ist das Leben eine *leibseelische, raumzeitliche Einheit*. Geist und Materie an sich sind *nicht* unmittelbares, fließendes Leben, sondern *bedingen* und *bestimmen* es. Im einleitenden Bild gesprochen: der Weitergang des Lebensstromes zeigt sich durch die Uferränder mitbedingt und mitbestimmt, Stoffwechsel und Denken erteilen die Motivation des Eingehens darauf. Wird uns nun eine überraumzeitliche Einheit von Materie und Geist im Mathematischen bewußtgemacht, so schließen sich die Randerscheinungen – Ufer – zusammen, und das einheitliche Strombett wird begreiflich. Möglicherweise – wenn Phantasie erlaubt ist – kennzeichnet dasjenige, was uns als »Realität« und »Begrenzung« erscheint, eine vom universellen Leben uns zugewiesene Bahn.

Es hat den Anschein, der Zeitgeist stünde mit seinen kühnsten Vorstößen an der Schwelle des Begreifens solcher Zusammenhänge. Gleichzeitig mit der Entwicklung der Atomphysik zu Feststellungen, welche der Vorstellbarkeit spotten und lediglich mit mathematischen Formeln ausdrückbar sind, sah die Psychologie C.G. Jungs mathematische Strukturen, aus dem Unbewußten entstanden, begründet im Wesen der Archetypen; er sprach von »Instinkten des Vorstellens«. In Fühlung mit ihm behandelte der Physiker W. Pauli an der Gestalt Keplers das Problem, wie es zu Entdeckungen kommt, bei denen die reine Logik grundsätzlich nicht imstande ist, aus vorliegenden empirischen Daten eine solche Verbindung zu konstruieren. Einig mit Keplers Selbstzeugnissen, nahm er ein *Zur-Deckung-Bringen von äußeren Eindrücken mit präexistenten inneren Bildern* an. Das Problem verlegt sich darauf, was präexistent genannt werden kann. Für Jung wird durch urtümliche Bilder des Unbewußten eingeleitet, was Aufmerksamkeit und Instinkt richtet. Kepler nennt archetypisch die im göttlichen Geist »von ewig her wahren« geometrischen Urbilder, welche die Seele mit Hilfe eines anerschaffenen Instinktes wahrnimmt. »Die Spuren der Geometrie sind in der Welt ausgedrückt, wie wenn die Geometrie gleichsam der Archetypus des Kosmos wäre.«

Eine Endentscheidung ist jedem darin auferlegt, daß er ein schöpferisches Prinzip anerkennt – wie er es auch nennen mag – oder sich in einer selbstlaufenden Weltmaschine befindlich betrachtet. Im letzteren bleibt immer die Frage der Erneuerung offen. Es ist die Alternative, die Kosmos und Chaos als Urgegensatz zusammengehöriger Begriffe versteht und im Chaos außer der zerstörerischen eine schöpferische Seite sieht. Nicht auf die Vorstellung eines persönlichen

Schöpfers kommt es an. Der Hinduismus erlebt die Welt als
»Tanz Schiwas«, und Capra deutet dies als Bewegung inter-
atomarer Teilchen, alles Gestaltete unterminierend. Mit Einbezug des Anordnenden spreche ich hier vom überbauenden
Ganzen. Auf das Ausgangsbild dieses Kapitels zurückgegriffen: das Flußbett zwingt den Strömungsverlauf in Punkte der
Überschneidung seiner Stromlinien, an denen das Leben frei
schaffend seine Formen hervorbringt, das Fließen aber geht
ununterbrochen weiter.

Unsere Selbstwahrnehmung in dieser Lage fußt auf einem
System von Elementen, die unsere Ganzheitlichkeit, gebor-
gen im größeren Ganzen zusamt einem Sinn des Mitschwim-
mens im Strom, schauend verstehen lassen. Dies »pars pro
toto«, das Kosmogramm, faßt sich zusammen im Kreislauf,
den wir als Urbild tätiger Lebensmanifestation erkannten.
Als Flächenbild der Ausmessung von Proportionen ist der
Kreis ein Konstrukt der euklidischen Geometrie, die im universellen Maßstab für unzureichend erklärt wurde. Doch als
Aufzeichnung der flächigen Konstellation, unter der wir
angetreten sind, stellt er das prinzipielle »In-der-Welt-Sein«
dar, entsprechend Keplers Satz: »Der Kreis, das ange-
stammte Abbild des geschaffenen Geistes, der dem Körper
zur Leistung vorgesetzt ist«. Was Kepler den geometrischen
Instinkt nennt, verstehen wir als operativen Ausdruck für die
Wirksamkeit des Grundgefüges in uns und im Mitlebenden.
Der hochintellektualisierte Mensch hat darin, tief unter den
Archetypen, die sie bebildern, Teil an der großen Ordnung.
Bei Abstreifung der Bilder und Glaubensformen ist dies
unser geistiges Rückgrat.

Nachwort

Von seinem 90. Geburtstag an arbeitete Thomas Ring mit besonderer Intensität an der Fertigstellung dieses Buches. Er muß wohl gespürt haben, daß ihm dafür nur noch wenig Zeit bleiben würde, denn er ließ sich kaum durch andere Tätigkeiten ablenken. Selbst zu einem einwöchigen Kurs, den er noch im Frühsommer leitete, reiste er nicht ohne das Manuskript für das *Grundgefüge.*

Das Buch wurde fertig. Die Reinschrift der ersten neunzig Seiten war bei seinem Tod im August 1983 beendet. Die anschließenden, mehrfach überarbeiteten Seiten lagen mit Handkorrekturen versehen vor. Sie hätten bei einer Fortsetzung der Reinschrift sicher noch Änderungen erfahren. Die Arbeit kann aber so, wie sie uns Thomas Ring hinterlassen hat, als abgeschlossen angesehen und der Öffentlichkeit übergeben werden.

Es war nicht immer einfach, die handschriftlichen Anmerkungen zu lesen und an der richtigen Stelle einzufügen. Dies dürfte aber fast überall wortgetreu gelungen sein. Bei Unklarheiten an seinen Korrekturen wurde auf den ursprünglichen Text zurückgegriffen.

Ein kleiner Absatz fehlt: Im Kapitel über die Entwicklung der Aspekte wollte Thomas Ring noch eine Passage über das Quincunx etwa bei Seite 156/157 einfügen. Dieser Aspekt mit einem Winkel von 150 Grad, den er immer als »Tantalus-Aspekt« charakterisiert hatte, sollte als Seite im

Zwölfstern dargestellt werden. Diese Passage wurde nicht mehr geschrieben.

Früher einmal bezeichnete Thomas Ring dieses Buch auch mit dem Stichwort »Strukturpsychologie«, bis er sich dann deutlich davon distanzierte und dies auch bereits in den ersten Sätzen des Vorworts zum Thema dieses Buches zum Ausdruck brachte. Der Problemkreis ist hier zu weit gefaßt, als daß die Psychologie allein dafür zuständig sein könnte. Wahrscheinlich griff Thomas Ring seinen jahrzehntealten Plan wieder auf, in einem letzten Werk unter dem Titel *Das umschließende Ganze* eine Abrundung seiner Weltsicht zu geben.

Die Frage, ob man dem Buch einen Untertitel geben sollte, ließ Thomas Ring offen. Aus früheren Arbeiten wissen wir jedoch, daß er in den meisten Fällen dafür war. Deshalb wurde der Untertitel »Die Stellung des Menschen in Natur und Kosmos« nachträglich eingefügt.

Das Grundgefüge wurde zwar von Thomas Ring als letztes Werk geschrieben, es wird aber sicher nicht die letzte Veröffentlichung eines seiner Werke sein. Andere mehr oder weniger abgeschlossene Manuskripte verdienen es, einem größeren Leserkreis zugänglich gemacht zu werden.

Erp Ring

ANHANG

ANMERKUNGEN

1 *Ewald* geht in der Trennung von Temperament und Charakter vom *Bio-tonus* aus, worunter er Tempo und Intensität der Organfunktionen, Güte und Schnelligkeit des Stoffumsatzes versteht. Ihm zufolge gibt dies »den Stimmungsuntergrund ab, auf dem sich das ganze Seelenleben aufbaut«. Die Steigerungen und Senkungen der Intensität und des Tempos bezeichnet E. als Temperament, den Charakter sieht er bedingt in der *Ansprechbarkeit* und der *Reaktionsart*.

2 Die Tiefenpsychologie suchte, um der kausalmechanischen Betrachtungsweise zu genügen, einen *biologischen Generalnenner der Bewirkung seelischer Mechanismen.* Meines Erachtens wurde damit ein unglücklich gewählter Begriff verbreitet. Die Grundbedeutung des lat. Wortes »libido« – Lust, Begierde, Vergnügen, willkürliches Verlangen – kann durch keine Ausweitung behoben werden. Eine Überbewertung organisch bedingter Lust und der Begierde danach senkt den Menschen auf die animalische Stufe. Libido, als Grundantrieb behauptet, läßt das spezifisch Menschliche, die Vernunft, außer acht. Sie kennt kein *begehrungsloses Gutes, Wahres, Schönes,* nur das *biologisch Nützliche und Zweckdienliche.* Auch *C.G. Jungs* erweiterte Fassung als »psychische Energie« (»Wandlungen und Symbole der Libido«) hebt dies nicht auf, da Energie gemeinhin als mechanische Arbeit definiert wird. Solche Unstichhaltigkeit des Libidobegriffs beeinträchtigt natürlich nicht, daß unter seinem Vorspann bei methodisch richtiger Anwendung da, wo seelische Regungen verklemmt, organische Triebe verkümmert oder behindert sind, Heilungen zustandekommen können.

3 Pedantische Einteiler, die ihre Mitmenschen nach diesen psychologischen Typen vereinseitigen, setzen gern, veranlaßt durch den Begriff der minderwertigen Funktion, der herausgefundenen Hauptfunktion ihr Komplement *rügend* gegenüber. Jung selbst hielt sich von solchen Abwertungen frei. Wenn er einem Empfindungstypus als »inferiore« Funktion die Intuition zusprach, so hieß es, »diejenige, von welcher der geringste bewußte Gebrauch gemacht wird. Hierin liegt der Grund zu

deren Undifferenziertheit, aber auch zu deren Frische und Unabgebrauchtheit. Sie steht dem Bewußtsein nicht zur Verfügung, und selbst nach längerem Gebrauch büßt sie ihre Autonomie und Spontaneität nur sehr bedingt ein. Ihre Rolle ist daher meist die des deus ex machina« (»Mandala, Bilder des Unbewußten«). So kann das minder Entwickelte eine Bedeutung als »lösende oder erlösende Funktion« erhalten.

4 Grundwichtig für eine Charakterkunde ist, was man unter *Anlage* versteht und wodurch man die *Fertigprägung von Eigenschaften* zustandekommen sieht. *Ewald* zum Beispiel behandelt unterrangig und tut als nebensächlich ab, was meistens überschätzt wird, nämlich den *Umwelteinfluß* und den daraus hervorgehenden *Phänotypus*. Er sieht die Hauptsache im Idiotypus (Genotypus), dem Sammelbegriff angeerbter Anlagen. Unter diesem von Geburt Mitbekommenen verstehen die meisten *einzelne Faktoren,* hingegen *Pfahler* nimmt als vererbbar ein *Grundfunktionsgefüge als Ganzes* an. In Korrelation zur Umwelt gedacht, wird der Begriff der Anlage als *ererbte Reaktionsbereitschaft* gebraucht und gern durch *Disposition* ersetzt. Die revidierte Astrologie sucht dies präziser zu fassen. Sie sieht zwischen Genotypus und Phänotypus den *Kosmotypus* eingeschaltet als Umformer, der die prinzipielle Ausgerüstetheit für die Daseinsbewältigung überführt in Eingehen auf die konkreten Erfordernisse der Umwelt. Es ist die im Kosmogramm niedergelegte strukturelle Ordnung, worin sich *Erbdispositionen und formale Reaktionsarten zusammenfassen.* Es ist ein *geschlossenes Ganzes* von körperlich-seelisch-geistigen Anlagen, die sich dann im Lauf der Individualgeschichte, vom selbstbestimmenden Faktor an Umwelteinflüssen entwikkelt, zu Eigenschaften der Gestalt, des Verhaltens und der Leistung ausbilden. An der Entwicklung einer Anlage hat sowohl der Einfluß der Umwelt als auch der selbstbestimmende Faktor bestimmten Anteil. Anlage ist zugleich Ansprechbarkeit für Entwicklungen.

5 Einzelne Untersuchungen über *kosmische* Rhythmen brachte ich in »Das Lebewesen im Rhythmus des Weltraums«, »Astrologie ohne Aberglauben.« Neben der Sammlung von *M. Gauquelin* in »Die Uhren des Kosmos gehen anders« finden sich verstreute Untersuchungen (Jores, Menzel u.a. in medizinischen Zeitschriften). Genaueres über die Wirkung von Medikamenten zu verschiedenen Tageszeiten gibt die Studie von Chr. Sengupta im Werkstattblatt der »Thomas Ring-Stiftung« 1982/I, Sekretariat CH-8008 Zürich, Höschgasse 83. Zur Kritik des Begriffs beachtenswert ist »Über sogenannte kosmische Rhythmen beim Menschen« von *de Rudder.*

6 *Vitalismus,* von lat. »vitalis« = »lebenskräftig« neu gebildet, setzt anfänglich eine besondere Lebenskraft als Ursprung der Lebenserscheinungen voraus. Dieser naive vitalistische Gedanke einer einzigen omnipotenten Schöpferkraft, welche die ganze Lebensmannigfaltigkeit hervorbringt, mußte sich in der analytischen Forschung totlaufen. Der *Neuvitalismus* (Pauly, Coszmann, Reinke, Driesch, v. Uexküll, Becher)

versuchte den experimentellen Nachweis zu erbringen, daß Leben aus physikalisch-chemischer Gesetzlichkeit nicht erklärt werden kann. Fast alle Vitalisten, teleologisch bzw. final denkend, bejahten eine *Entelechie,* bei *Aristoteles* eine auf die Endgestalt gerichtete Entwicklungsfähigkeit des Lebendigen, einen vorauszusetzenden »Plan«. Diese *Selbstentwicklung von innen her* war nach Driesch einer »ganzmachenden Kraft« im Organismus zu danken.

7   Das Zufälligkeitsargument in der mechanistischen Theorie ist besonders deutlich im Werk des Nobelpreisträgers *Jacques Monod,* »Le hazard et la nécessité«, deutsch: »Zufall und Notwendigkeit« (München, 1971). Wie meist wird der Ausdruck »Zufall« hier gebraucht, wenn der Autor eigentlich sagen müßte: die letzten Ursachen der Vorgänge sind mir unbekannt. Er ist ein Ausdruck dafür, daß die Tatsachen für die angewandten Methoden unerklärlich sind. Nach Monod werden Fehler bei der Chromosomenteilung gemäß dem Invarianzprinzip festgehalten und bewahrt, dies erkläre die in der Erbfolge auftretenden Unterschiede der Formung. Eine solche Argumentation geht vorbei an den eigentlichen Gestaltproblemen, wie sie etwa A. Portmann (»Die Tiergestalt«) oder Th. Schwenk (»Das sensible Chaos«) beschäftigen. Mechanistisch kann man zwar den *biotechnischen* Anteil der Gestaltbildung, *die für die Daseinsweise technisch notwendige Formung* klären. Etwa: ist der Verdauungsapparat eines Tieres auf Fleischnahrung eingerichtet, dann müssen Greiforgane, um andere Tiere zu fangen und zu töten, Zähne oder Schnäbel zum Zerschneiden der Beute vorhanden sein. Dies sind jedoch *Zusatzbildungen,* die nichts aussagen über den thematischen *Entwurf der Daseinsweise.* Von einer gestaltblinden Betrachtung ist kein Begriff des Schöpferischen zu erwarten.

8   *Tropismus* ist ein elementarer Vorgang, bei dem ein Wesen einer Reizquelle sich entweder zu- oder sich von ihr abwendet. Für *Reflex* gibt v. Uexküll folgende Beschreibung: »Ein äußerer Reiz wirkt auf ein Rezeptionsorgan, dieses erteilt dem Nervensystem eine Erregung. Vom Nervensystem geleitet, erreicht die Erregung schließlich den Muskel, der sich dann verkürzt.« Den *Instinkt* beschreibt Schlöss (Kinderpsychologie): »Die instinktiven Bewegungen sind durch Sinnesreize ausgelöst, koordiniert und laufen auf einen Zweck hinaus, sie sind für die Lebenserhaltung unentbehrlich, vererbt und unbewußt.« Instinkte bezeichnen ein *gebrauchsfertiges Erbgut von stereotypen und ohne Übung vollkommen ausgeführten Verhaltensweisen.* Gegenüber all diesen bedenkenlosen Antworten auf äußere Reize – mit maschinenartigem Ablauf – steht menschliches In-Frage-Stellen, Überlegen und Entscheiden in der Steuerung triebmäßiger Spontaneität.

9   *Integration* als *gestaltschöpferisches Prinzip in allen Organismen* ist natürlich etwas anderes als der Urteilsbegriff in der *Integrationspsychologie* von E.R. Jaensch. Diese beurteilt die Ganzheit im Aufbau der Persönlichkeit in Einklang mit der Umwelt. Die Typologie von Jaensch

geht dementsprechend in der Beurteilung empirischer Personen aus von der Unterscheidung *integriert-desintegriert*. Es wäre verkehrt, damit allein »das Saturnische« vollständig erfaßt zu glauben. Ein Symbol vereinigt mehrere begriffliche Unterscheidungen. Um nur psychologische Entsprechungen zu nennen, betrifft z.B. in bezug auf Erfahrung – die geschlossene Ganzheit nach außen sichernd – das Saturnische dasjenige, was *Pfahler Perseveration* (Verfestigung) nennt, in der Triebdynamik von *S. Freud* taucht es auf als *Widerstand,* wenn ein Ansinnen den konstitutiven Bestand oder die ethische Ganzheit gefährdet usw. Die hier gebrachten Symbole der Kategorien fassen Erscheinungen auf verschiedenen Ebenen zusammen.

10 *Selektion* ist ein der künstlichen Tier- und Pflanzenzüchtung entlehnter Begriff. *Darwin* meinte mit »natural selection«, daß ein im Kampf ums Dasein errungener Vorteil einerseits die *Fortpflanzung* der betreffenden Spezies begünstigt, anderseits in der Vererbung *festgehalten* wird, so daß eine Umprägung der Gestalt entsteht. Die Arten sind in dieser Sicht sozusagen *Durchgangsstadien einer kontinuierlichen Fortbildung,* wenn auch, wie Darwin bei fehlenden Zwischengliedern argumentierte, nur auseinanderliegende Formen einer Entwicklungsreihe sich erhalten. Gestalt ist dann eine unbestimmt gerichtete, zufällige Bildung; sie findet ihren Abschluß, wenn eine Art *die ihren Lebensbedingungen bestmöglich genügende Organisation* erreicht hat. – Demgegenüber meine ich eine die Selektion *bewirkende* und, wenn die Rivalität von außen sich stellt, das Durchkommen *begünstigende* Bildekraft, die schon daraufhin an der Gestaltbildung teil hat. Demgemäß haben die Arten und Individuen verschiedene *Eignungen, im Wettkampf zu obsiegen.* – Während im Darwinismus auch eine zufällige Anpassung, das Übrigbleiben von äußerlich Meistbegünstigten als selektierend gilt, sprechen wir hier von aktiver Entäußerung und Durchsetzungskraft als Bestandteile der charakterlichen Struktur.

11 Ausführlicher im Buch des Verfassers »Das Sonnensystem – ein Organismus«. Es zieht in harmonikalen und gestalttheoretischen Untersuchungen auch die zwischen Mars und Jupiter umlaufenden Planetoiden in Betracht. Diese Zone ist im rhythmischen Verhältnis der mittleren Bahnabstände (Bode-Titiussche Reihe) mit enthalten; dies führt zu einem ideellen Bezugssystem gegenüber dem realen Bezugssystem der Großkörper. Das 3. Keplersche Gesetz zeigt die zeitlich-räumliche Einheit ihrer Proportionen, Keplers Gesamtwerk, vor allem »Harmonia Mundi«, vermittelt ihr Verhältnis zu den musikalischen Intervallen. Für den »physiognomischen Charakter« der Planeten wird ihre Beziehung zu der im Rotationssystem mitlaufenden Erde zugrunde gelegt.

12 Der Begriff »Umwelt« ist schon eine Konzession an die Subjekt-Objekt-Scheidung. Eine ungebrochen einheitliche Natursicht läßt die Unterscheidung von »Innen« und »Außen« gar nicht zu. So sind Goethes Zeilen zu verstehen:

186

Müsset im Naturbetrachten
Immer eins wie alles achten;
Nichts ist drinnen, nichts ist draußen:
Denn was innen, das ist außen.
So ergreifet ohne Säumnis
Heilig öffentlich Geheimnis.

In der Wortfassung »öffentlich Geheimnis« steckt, daß die sinnliche Erscheinung der Natur scheinbar verbirgt, was sie dem Denken eröffnet. Dies ist im Sinne des griechischen Wortes »aletheia«, das meist mit »Wahrheit« übersetzte, »Unverborgensein« gesagt, und entspricht Heideggers »Entbergen des Seins des Seienden«. Für das griechische Bewußtsein eröffnete sich das erscheinungsmäßig Seiende als »Physis«. Setzen wir »Schein« für »Erscheinung«, so bekommt Goethes »wahrer Schein« in der Fortsetzung des obigen Gedichts von 1818 seinen Sinn:

Freuet euch des wahren Scheins,
Euch des ernsten Spieles;
Kein Lebendiges ist ein Eins
Immer ist ein Vieles.

13 Unkritische und sachunkundige Gegner der Astrologie glaubten das Problem schon mit der Einführung des kopernikanischen Systems erledigt (trotz Kepler, der diesem System zum Durchbruch verhalf und gleichzeitig der Astrologie anhing). Neue gegnerische Argumente schien die Entdeckung der Planeten jenseits von Saturn zu bringen. Die alte Astrologie hatte nur die mit bloßem Auge sichtbaren Planeten in Betracht gezogen. Das Fernrohr erweiterte unser Blickfeld, verwirrte aber auch das Problem. Inzwischen erwies die vergleichende (astrologische) Beobachtung, daß zu Recht von einem relativ geschlossenen System wesensbestimmender Faktoren, deren rechnerische Komponenten bis zur Saturngrenze reichen, gesprochen werden darf. Dies deckt sich mit der hier vertretenen Theorie. Gehen wir von der Einordnung lebender Erdenwesen und nicht von Einflüssen der Gestirne aus, dann gilt die von der Erde aus gesehene (geozentrische) Ordnung des Systems. Hierbei fällt die Relation äußerer und innerer Bahnen sowie der Bewegungscharakter der Planeten, zu denen geozentrisch auch Sonne und Mond rechnen, ins Gewicht. Wir sehen die Erdbahn flankiert von den Bahnen (bzw. dem zentralen Bezugspunkt) derjenigen Gestirne, zu deren Symbolcharakter die Entsprechungen der soeben beschriebenen Gegensatzpaare gehören. Für die Erde selbst tritt ihr Trabant ein, der Mond; sein Sondercharakter kam im früheren Wort »sublunares Leben« (Leben unter dem Monde) zum Ausdruck.

14 Vgl. »Astrologische Menschenkunde«, Band II, S. 103–109. Uexküll sieht die Öffnung organischer Systeme in drei Bezirken, dem »Fortpflanzungskreis«, dem »Feind-Beute-Kreis« und dem »anorganischen Weltbezug«. Er versteht als Insichgeschlossensein des Einzelwesens den »Sättigungsschlaf«, den ich als 4. Bezirk, entsprechend dem fixen

Zustand des I. Quadranten, hinzunehme. Der Fortpflanzungskreis deckt sich inhaltlich, nicht im Umfang, mit dem II. Quadranten, der Feind-Beute-Kreis mit dem III. Quadranten und der anorganische Weltbezug mit dem IV. Quadranten.

15 Nicolai Hartmann, »Der Aufbau der realen Welt«, Meisenheim am Glan, 2. Auflage, 1949.

16 Die Bedeutung der Himmelsfiguren für den Menschen betreffend, spricht Kepler von einem geometrischen Instinkt der Erde (anima terrae) und ihrer Lebewesen. Er führt z.B. den Wabenbau der Bienen in Sechseckform darauf zurück. In »Tertius Interveniens« (These 73) sagt er von den Kreaturen: »... das fürnehmste Stück ist aus allen Eigenschaften, daß der instinctus geometriae in ihnen allen ist...« Zu den Ausführungen des Astrologiegegners Pico della Mirandola äußert er sich: »Wenn Pico eine Begründung herbeibrächte, warum die Geometrie in der Tonwelt den Menschen ergreift, würde ich dieselbe Begründung nehmen, um darzutun, warum die Geometrie in den Strahlen der Gestirne die sublunare Natur affiziert.« Keinesfalls aber wollte er »Strahl« in diesem Zusammenhang physikalisch verstanden wissen. Man verkenne nicht, daß die Astrologie Keplers sich hauptsächlich auf die Planeten und ihre Aspekte beschränkt, den Tierkreis und die Häuser als »willkürliche Austeilung« verneint. Er verurteilte damit das überlieferte Regelwerk, stellte die geometrische Ordnung der kreisläufigen Systeme nicht in Betracht.

Personenverzeichnis

189

THOMAS RING
ZUM GEDÄCHTNIS

Auf Thomas Ring, der uns im Alter von nahezu 91 Jahren plötzlich verließ, lag niemals der Schatten des Todes: mit ungebrochener Vitalität, in strahlender geistiger Frische, intensiv an einem fast fertiggestellten Werk über die Thematik der Strukturpsychologie arbeitend, vollendete sich sein Leben. Als ich ihm am Ende der zwanziger Jahre in Berlin begegnete, war schon faszinierend zu spüren, daß sich in dem »Astrologen«, den ich aufsuchte, Denken, Schauung und Erfahrung in einer unmittelbar überzeugenden Weise verbanden. Es war der Anfang einer Verbundenheit, die sich über mehr als ein halbes Jahrhundert erstreckte. Die Evidenz astrologischer Analysen, mit denen Thomas Ring wichtige Situationen meines Lebens und mir Nahestehender erhellte, gehört zu der stärksten Motivation meines Entschlusses, mich den Grenzgebieten zuzuwenden.

Er vermochte es, das Horoskop als eine Gefügeordnung von Bildkräften der Psyche darzustellen, als formale Grundlage der individuellen Selbstverwirklichung, in der Notwendigkeit und Freiheit ineinandergreifen. Eindrucksvoll war, wie er nicht mit etikettierenden Eigenschaftsbegriffen arbeitete, wie es in der psychologischen Charakterkunde und auch in der traditionellen Astrologie üblich war, sondern Antriebs- und Verlaufsgestalten aus dem Kosmogramm herausarbeitete, die ein dynamisches, der Entwicklung offenes Bild der Persön-

191

lichkeit zeichneten. Das umfangreiche literarische Lebens-
werk des unermüdlich Produktiven – von dem Frühwerk *Die
Überwindung des Schicksals durch Astrologie* (1925) über die
Astrologische Menschenkunde (1956–1973), *Astrologie ohne
Aberglauben* (1972) bis zu *Genius und Dämon* (1980) – hat
entscheidend dazu beigetragen, die Astrologie aus dem
Gezänk von Schulen und Sekten zu befreien und zum Thema
einer Anthropologie zu machen. Die Erkenntnisquellen von
Thomas Ring kann man als intuitive Wesensschau kenn-
zeichnen, als »Innewerden« des Archetypischen, als ein
Organ für die Spiegelung des Kosmos in den Tiefen der
menschlichen Seele. Dieser »physiognomische Sinn« ist ein
Aspekt seiner künstlerischen Begabung, des Malers Thomas
Ring. Es ist ein wissenschaftstheoretisches Problem, wie weit
eine »revidierte Astrologie«, wie Thomas Ring sie darstellt,
verifiziert werden kann. Es sieht so aus, daß dies im Rahmen
der heute gebräuchlichen Forderungen an Wissenschaftlichkeit nicht möglich ist. Ich bin mir aber sicher, daß eine
zukünftige, erweiterte Wissenschaft an dem Werk von Thomas Ring nicht vorbeigehen wird.

Hans Bender

THOMAS RING – BIOGRAPHISCHE DATEN

1892   28. November in Nürnberg geboren. Eltern: Nikodemus Andreas
Ring, Maschinenbauer, Erfinder, Fabrikdirektor, * 27. Mai 1867 in
Warschau, † 4. September 1948 in Eisfeld/Thüringen. MRGARE-
THE Dorothea geb. Heinlein, * 8. Februar 1868 in Lichtenau/Ans-
bach, † 8. März 1947 in Eisfeld/Thüringen. Seit dem 2. Lebensjahr
verschiedene Aufenthaltsorte in Vorarlberg, der Schweiz, Holland,
England, Rußland und in mehrern deutschen Bundesländern:
Bayern, Westfalen, Sachsen, Baden.

1904   Umzug nach Berlin, Eintritt als Quartaner in eine Realschule.

1907–   Wanderung mit Bergbesteigungen in Bayern, der Schweiz, in Tirol,
1911   Arbeit als Chemigraph.

1909   März, Abendschüler, Anatomie, Akt, Porträt, März 1911 Tagesschüler
Kunstgewerbeschule Berlin, Schüler von Emil Orlik, Zeichnungen,
Lithographien, Radierungen, Mitschüler George Grosz, Hanah
Hösch, Hubbuch, Nerlinger, u. a., erster Verkauf (Radierung Forum
Romanum) an Galerie Arnold, Dresden.

1910   Einjährigenprüfung als Externer.

1913   Fußwanderung von Wien nach Rom, Bergbesteigungen Karawanken,
Triglav.

1914   8. August Kriegsfreiwilliger im Kaiser-Alexander-Garde-Rgt. Nr. 1.
31. Oktober 1914 am Yserkanal schwer verwundet. Juni 1915
Geschoß operativ aus rechtem Fußgelenk entfernt, Oktober 1915 Ver-
setzung zum Alpenkorps, August 1916 Karpatenfront, Bukowina,
März 1917 Offizierkursus in Libau, dann Westfront, November 1917
engl. Gefangenschaft in der Schlacht bei Cambrai, April 1918 Meute-
rei in Calais, strafversetzt nach England, November 1919 Entlassung
nach Berlin.

1920   November 1. Heirat mit Gertrud Schröder, Buchhändlerin, Januar
1922 Sohn Erp, Januar 1927 Sohn Thore geboren. Harte wechselvolle
Jahre. Ausstellungen in »Der Sturm« (seit 1916 in gleichnamiger Zeit-
schrift Gedichte), »Die Jurafreien«, »Neue Sezession«, »November-
gruppe«, Geldarbeit als Ziegelträger, Auftreten als Grotesktänzer im
Sturmcabaret, Gasthörer an der Berliner Universität bei A. Einstein,

N. Hartmann, in der Technischen Hochschule bei Hoffmann (organische Chemie). Begegnung mit Hans Bender. Artikel in mehreren Kulturzeitschriften, dramatische Arbeiten, Verbindung mit Piscator. Politische Betätigung gegen NSDAP.

1932 November Übersiedlung nach Österreich, erst Baden bei Wien, dann Johnsbach/Steiermark, Bergebsteigungen im Gesäuse, seit 1934 Graz.

1935 Referat auf dem parapsychologischen Kongreß in Oslo, September Begegnung mit Hans Driesch in Leipzig, in Graz' Begegnung mit R. H. Francé. Paßentzug wegen politischer Betätigung in Deutschland (staatenlos).

1938 Nach dem Anschluß Hausdurchsuchungen, Gestapoverhör. 1939 zwei Bücher in der DVA Stuttgart, 1941 ein drittes. 1942 und 1943 Ausschluß aus Reichsschrifttumskammer und Reichskammer der bild. Künste. Ein Jahr Luftschutzpolizei-Abkommandierung nach Norwegen, doch Berufung an das Psychologische Institut der Reichsuniversität Straßburg, Antritt April 1943. Umzug der Familie nach Neuweiler (Vogesen). Begegnung mit C. F. v. Weizsäcker. Beide Söhne Militär, beide verwundet.

1944 Invasion, Internierung im Konzentrationslager Struthof, dann mit Frau in das Repressionslager St. Sulpice la Pointe (bei Toulouse), Ehefrau Gertrud geb. Schröder dort am 15. Februar 1945 gestorben, März 1946 nach Österreich entlassen. März 1947 Mutter gestorben, September 1948 Vater gestorben.

1947 Mai 2. Heirat mit Irmtraut verw. Blum, geb. Bilger. Erwerb der österreichischen Staatsbürgerschaft. Juli 1947 Sohn Anselm, Oktober 1948 Tochter Gundula geboren. Wechselnder Aufenthalt in Graz und Taufkirchen/Pram.

1952 August Übersiedlung nach Luchle (Schwarzwald). Ölbilder, Lyrik, Dramen, Beratungen, »Astrologische Menschenkunde« entsteht. Fernsehen Stuttgart. Ausstellung 1961 Berliner Nationalgalerie.

1962 Herbst Burg Stettenfels bei Heilbronn. Kruse, Vorträge, Beratungen neben Malerei und Dichtung. 8 Bücher. Ausstellungen in Köln 1972 und 1974, Fernsehaufnahmen in Saarbrücken, Baden-Baden, Weinheim, Stettenfels, Interview Steirischer Rundfunk Graz, Vortrag Südwestfunk Baden-Baden.

1978 Thomas Ring-Stiftung gegründet.

1981 Ölbild »Aggression« (1928) an die «Berlinische Galerie» verkauft.

1983 Am 24. August stirbt Thomas Ring.

WERKE VON THOMAS RING

Die Überwindung des Schicksals durch Astrologie.
Nir ana-Verlag, Berlin 1925.
Planeten-Signaturen.
Verlag Jos. C. Huber, Dießen vor München 1938.
Menschentypen in Bildern des Tierkreises gespiegelt.
R. Hummel, Leipzig 1938.
Das Sonnensystem – ein Organismus.
Deutsche Verlags-Anstalt, Stuttgart 1939.
Das Lebewesen im Rhythmus des Weltraums.
Deutsche Verlags-Anstalt, Stuttgart 1939.
Der Mensch im Schicksalsfeld.
Deutsche Verlags-Anstalt, Stuttgart 1941.
Tierkreis und menschlicher Organismus.
Ebertin-Verlag, Aalen/Württ. 1958
Astrologische Menschenkunde. Bde. I–IV.
Bd. I: »Kräfte und Kräftebeziehungen«; früher: Rascher Verlag, Zürich, jetzt: H. Bauer Verlag, Freiburg i. Br. 1956.
Bd. II: »Ausdruck und Richtung der Kräfte«; früher: Rascher Verlag, Zürich, jetzt: H. Bauer Verlag, Freiburg i. Br. 1969.
Bd. III: »Kombinationslehre«; früher: Rascher Verlag, Zürich, jetzt: H. Bauer
Verlag, Freiburg i. Br. 1969.
Bd. IV: »Das lebende Modell«; früher: Rascher Verlag, Zürich, jetzt: Bauer Verlag, Freiburg i. Br. 1973.
Astrologie ohne Aberglauben.
Econ-Verlag, Düsseldorf 1972.
Existenz und Wesen in kosmologischer Sicht.
Aurum Verlag, Freiburg i. Br. 1975
Astrologie neu gesehen – Der Kosmos in uns.
Aurum Verlag, Freiburg i. Br. 1977.
Mein Alphabet.
Thomas Ring-Stiftung, Romanshorn 1978.
Genius und Dämon – Strukturbilder schöpferischer Menschen.
Aurum Verlag, Freiburg i. Br. 1980.
Lebenszeugnisse.
Thomas Ring-Stiftung, Romanshorn 1982.
Die Olympische Wiederkehr – Ein Gedichtzyklus.
Aurum Verlag, Freiburg i.Br. 1985.

195

Weitere Bücher von Thomas Ring im Aurum Verlag

Thomas Ring
GENIUS UND DÄMON
Strukturbilder schöpferischer Menschen
512 S., 81 Abb., Bibl., Reg. ISBN 3-591-08153-1

Ein Rendezvous mit 27 berühmten Künstlern, Wissenschaftlern und Politikern, von denen hier nur einige genannt seien: Leonardo da Vinci, Martin Luther, Johannes Kepler, Friedrich der Große, Maria Theresia, Johann Wolfgang von Goethe, Wolfgang Amadeus Mozart, Karl Marx, Vincent van Gogh, Marie Curie. Was biographisch hinlänglich bekannt ist, überbieten Details und Zusammenhänge aus einem Background, der sich zu Recht die Bühne nennt, auf der das Schicksal erst stattfindet.

Das Arbeitsmaterial der *revidierten Astrologie* ist zugleich Anschauungsmaterial dieses Buches. Jedes Strukturbild setzt sich zusammen aus Porträt, Handschriftenprobe, Horoskop (Kosmogramm), der Kette dominierender astrologischer Merkmale *(Dominantenkette)* und ihrer Auswertung.

GENIUS UND DÄMON ist weit mehr als die Oberflächenkontroverse Begabung – teuflische Macht. GENIUS UND DÄMON meint den Ur-Krieg – im Kosmos und im Individuum als seinem Konzentrat. Der Endeffekt des Schicksals besiegelt nur eine der Möglichkeiten. Die Analyse jedoch des ganzen Spektrums, die hier vorliegt, reicht unter den Wasserspiegel. Das Leben selbst wird abgeseilt.

Wohl keine einzige Biographie schaute je so tief in die verschwiegensten Beziehungen dieser Persönlichkeiten hinein! Kein Blick, der auf dem kämpferischen Spiel von Genius und Dämon länger ruhte, als sogar Geschichte selbst es tat.

GENIUS UND DÄMON trennt den Nebel und die Großen der Weltgeschichte. Aus dem Gemälde ihres äußerlichen Kampfes gegen Zeit und Umstände wird ein leuchtendes Diagramm.

GENIUS UND DÄMON – ein Werk, das zur Standardliteratur der transpersonalen Psychologie gehört!

AURUM VERLAG · FREIBURG IM BREISGAU

Thomas Ring
ASTROLOGIE NEU GESEHEN
Der Kosmos in uns
2. Aufl., 112 S., 7 Zeichnungen, Pers.-Reg., geb. ISBN 3-591-08034-9

ASTROLOGIE NEU GESEHEN gibt einen Überblick über die derzeitige
Lage der Astrologie, wie sie sich nach einer Revision wichtiger Inhalte dar-
stellt. Das Kapitel »Der Kosmos in uns« zeigt die theoretischen Grundlagen
und praktischen Möglichkeiten sowie deren Einklang mit unserem heutigen
Weltbild. »Das eingeordnete Leben« stellt die Bedeutung der Astrologie als
Leitlinie für den Erwachsenen dar. In »Das heranwachsende Kind« gibt
Thomas Ring neue Denkanstöße für Eltern und Erzieher. »Das heilsame
Gespräch« schließlich zeigt, wie das Selbstverständnis der revidierten Astrologie sich heute wesentlich auf eine beratende Funktion unter Einfluß star-
ker psychologischer Elemente erstreckt. Im Schlußkapitel »Das ewige Pro-
blem des Unbekannten« spricht Ring über letzte Fragen des Menschen, bei
denen wir durch organisch-kosmologisches Denken die Möglichkeit neuen
Einblicks in eine außerraumzeitliche Dimension gewinnen.

Ring zeigt unter Verwendung historischer Beispiele die zulässigen Aussagen
und ihre Grenzen, die Abwandlungen durch das Niveau, die Entwicklungs-
gelegenheiten und damit die Chancen der freien Entscheidungswahl, die
ungeachtet des Strukturzwangs bestehen. Hiermit und durch das Verhältnis
der Vereinzelung zur Gemeinsamkeit bekommt der Schicksalsgedanke
andere Inhalte als in der alten, vorwiegend fatalistischen Astrologie. Persönliches Schicksal reduziert sich in der Hauptsache auf das Anlagengefüge,
dessen Auswirkungen wir je nach Einsicht ändern können. Das kollektive
Schicksal hat andere Gesetze.

ASTROLOGIE NEU GESEHEN geht also nicht von überholten Lehrmei-
nungen aus, sondern vom beobachteten Leben; die dargelegten und aus der
Sachlage erklärten Elemente bedeuten nicht simple Gestirnwirkungen, sondern lebende, organismenbildende Kräfte. Was vulgäre Darstellungen als
toten Ballast früherer Ideologien auftischen, wird hier zu einem Beitrag für
Lebensforschung und Lebensmeisterung.

So ist dieses informations- und gedankenreiche Buch für den Interessierten
wie für den Fernerstehenden gleichermaßen wertvoll: Es offenbart dem
Suchenden Möglichkeiten erfolgreicher Konfliktbewältigung und gibt dem
Adepten Ziel und Richtung.

AURUM VERLAG · FREIBURG IM BREISGAU

Thomas Ring
EXISTENZ UND WESEN IN KOSMOLOGISCHER SICHT
252 S., 34 Abb., Reg., Ln. ISBN 3-591-08017-9

Zur Meisterung unserer Existenz, in die wir hineingeboren sind, haben wir lediglich die uns in unserem irdischen Dasein gebotenen Handhaben. Wie wir damit umgehen, ist eine Frage unseres Bewußtseins; die Rationalität gilt einem großen Teil der Menschen als Richtschnur und Wahrheitsermittler. Gehen wir jedoch in bezug auf uns selbst über das »Wie« und »Woher« hinaus, fragen wir nach dem »Wohin«, dann greift etwas anderes ein: das Wesen.

EXISTENZ UND WESEN stellt Thomas Ring IN KOSMOLOGISCHER SICHT dar: Der Mensch habe zwei Seiten, den wesenhaften Entwurf und die existentielle Einkörperung. Erkenntnisprozesse, Entwicklungen, kulturelle Gestaltungen und religiöse Kulte suchen sich dem wesenhaften Ursprung anzunähern. Eben dies strebt über die individuelle Perspektive des Daseins hinaus und findet erst Grund in einer elementaren Ordnung: dem Kosmos. So gesehen, ist die Individualität ein Ausschnitt des Kosmos Anthropos, dem kosmischen Menschen.

Die angemessenen Begriffe hierfür sieht Thomas Ring in der vom Schutt des Mißbrauchs gereinigten Astrologie, neu konzipiert vom heutigen Weltbild aus. Es handelt sich also um die Einordnung bedingten Lebens in das größere Ganze. Die erwiesene Wirksamkeit solcher Einordnung hat ihre Ursache in der Lebensrhythmik, nicht in Gestirnswirkungen. Für diese organisch-kosmologische Betrachtungsweise gelten die Symbole astrologischer Deutung als die Kategorien des Organischen, mit denen unser Erdenleben in das Sonnensystem einbezogen ist.

Um das Abenteuer unserer Existenz heute zu bestehen, um den Weg aus der aktuell gewordenen existentiellen Angst zu finden, die Probleme einer künftigen Existenz anzugehen, dazu bedarf es einer Neuausrichtung, neuer Weisungen für unseren Lebenskompaß, die wir finden, wenn »wir wissen, worauf die vibrierende Magnetnadel ausgerichtet ist«.

AURUM VERLAG · FREIBURG IM BREISGAU

Thomas Ring
DIE OLYMPISCHE WIEDERKEHR
Ein Gedichtzyklus
72 S., mit 6 Federzeichnungen des Autors, kart. cell. ISBN 3-591-08222-8

Thomas Ring, der uns vor allem als Wegbereiter der sogenannten *revidierten Astrologie* bekannt ist, stellt sich mit diesem Gedichtzyklus auch als Poet vor. Daneben zeigt sich auch in den 6 Federzeichnungen des Autors, die dieses Buch enthält, sein künstlerisches Talent.

Der Gedichtzyklus DIE OLYMPISCHE WIEDERKEHR ist die poetische Begleitung kosmischen Geschehens in Bildern und Gestalten des griechischen Mythos. Der gedachte Kreislauf ist das uralte Symbol, das uns in die Natur hineinstellt. Die Welt ist ein Kunstwerk, ein Ganzes, ein Organisches. Ihre Urbilder kehren wieder. Sie zu erkennen, ist vielleicht schwierig. Doch der Mythos hilft uns dabei. So nährt sich der Gedanke der olympischen Wiederkehr nicht aus der klassizistischen Mottenkiste und von den Erinnerungen an Vergangenes, sondern von dem Bezug, den wir selbst zu ihm als einer Form der Selbstdefinition herzustellen vermögen. Denn Mythen haben eine eminent vitale Bedeutung. Mit ihrem Verlust haucht der Mensch gleichsam seine Seele aus. Wer jedoch in sich hineinhorcht, wird die schöpferischen Normen des Mythos als schöpferische Normen unserer Existenz entdecken – um neue Mythen zu schaffen, weil niemand »sich vom Reiche löst, das vielgestaltig in uns schläft«. Es ist »eine erstaunliche Tatsache«, so ebenfalls Thomas Ring, »daß die Gestalten der antiken Mythologie in Haltung und Gebaren die konstellativen Ordnungswerte derjenigen Himmelskörper ausdrücken, die mit den entsprechenden, von der Astronomie beibehaltenen Götternamen belegt wurden. Wir finden mit unseren heutigen Hilfsmitteln nur schärfere Begriffe für dasjenige, was die Alten in lebensvolle Bilder faßten.«

AURUM VERLAG · FREIBURG IM BREISGAU